CW01307320

DIE

VEREINIGTEN STAATEN

erkunden

Kulturelles Malbuch

ZenArt Editions

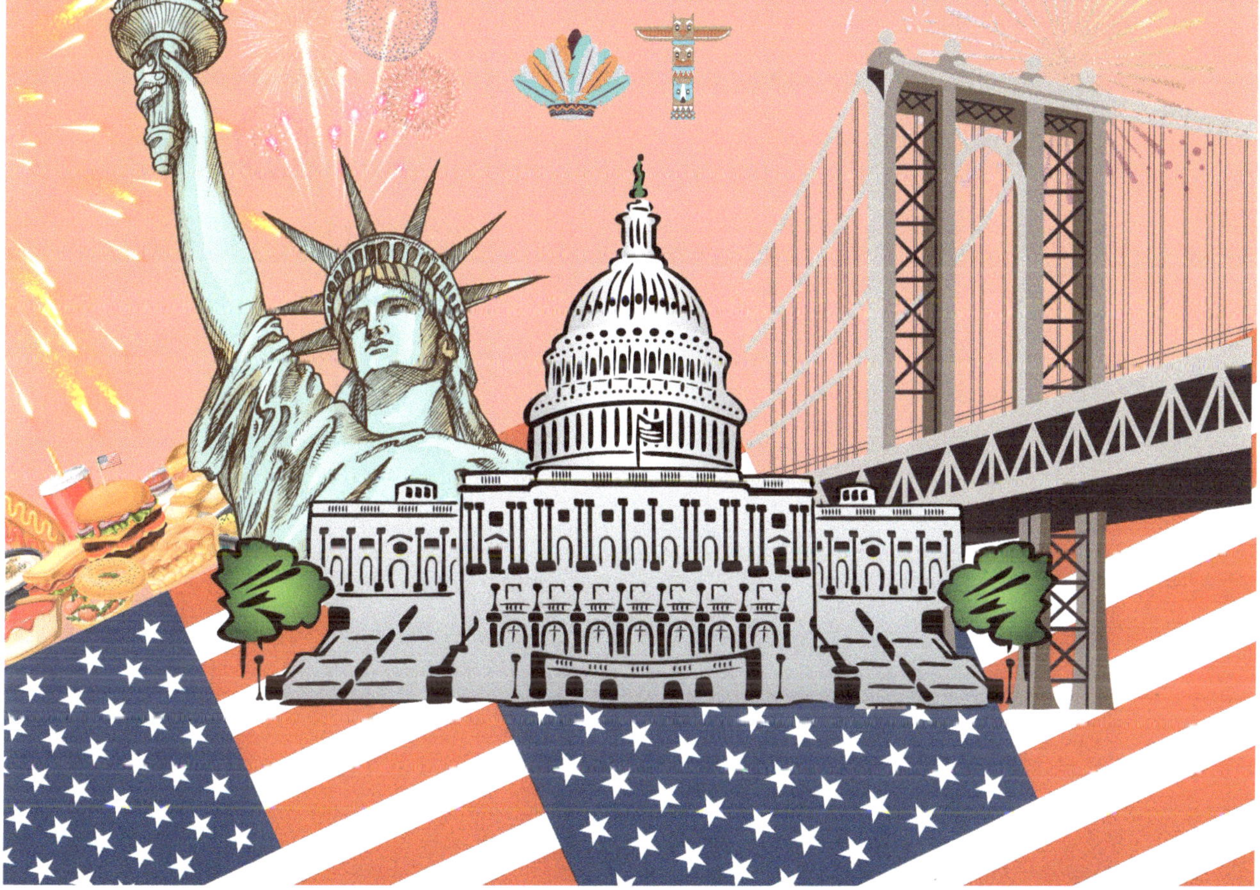

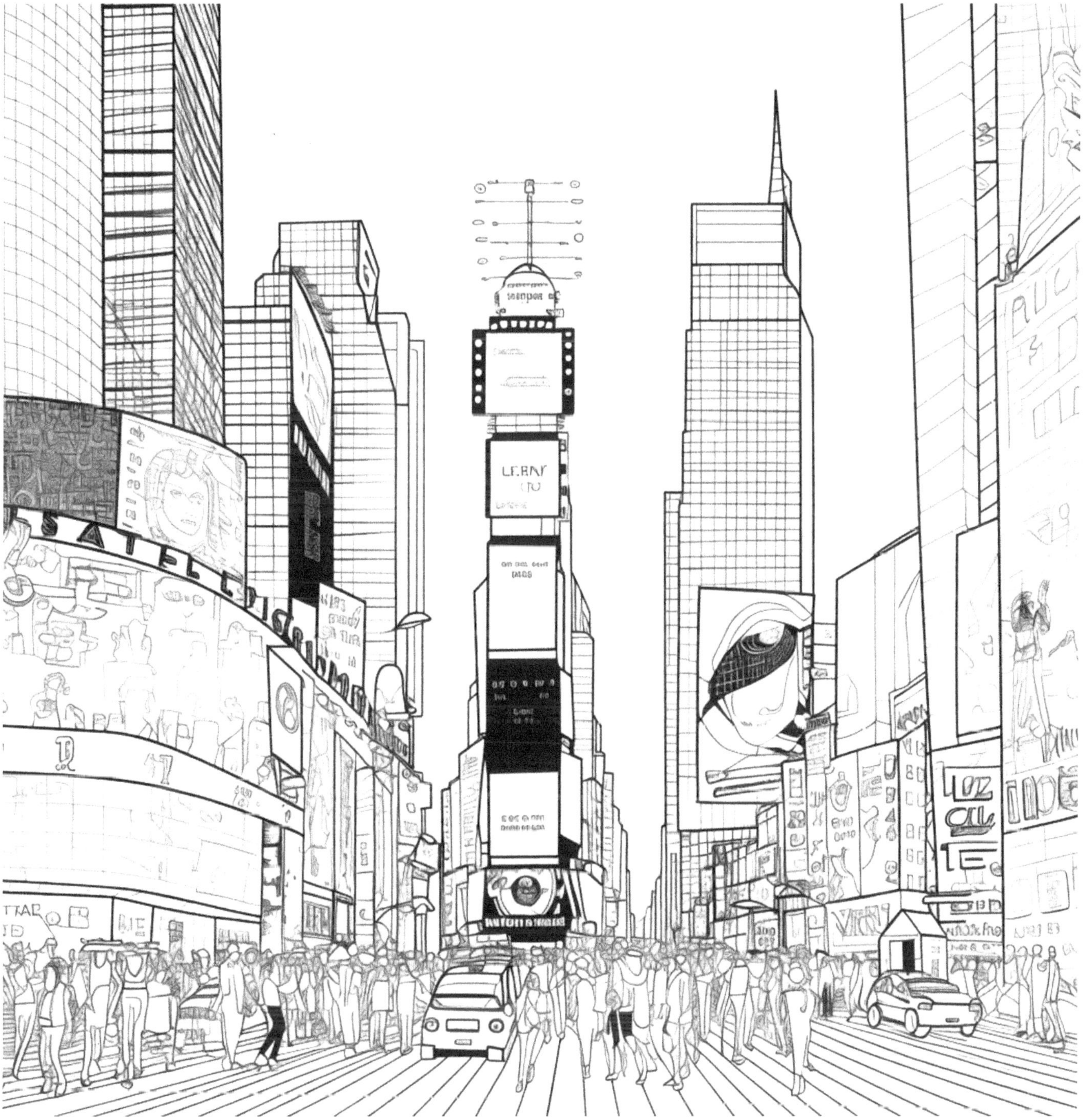

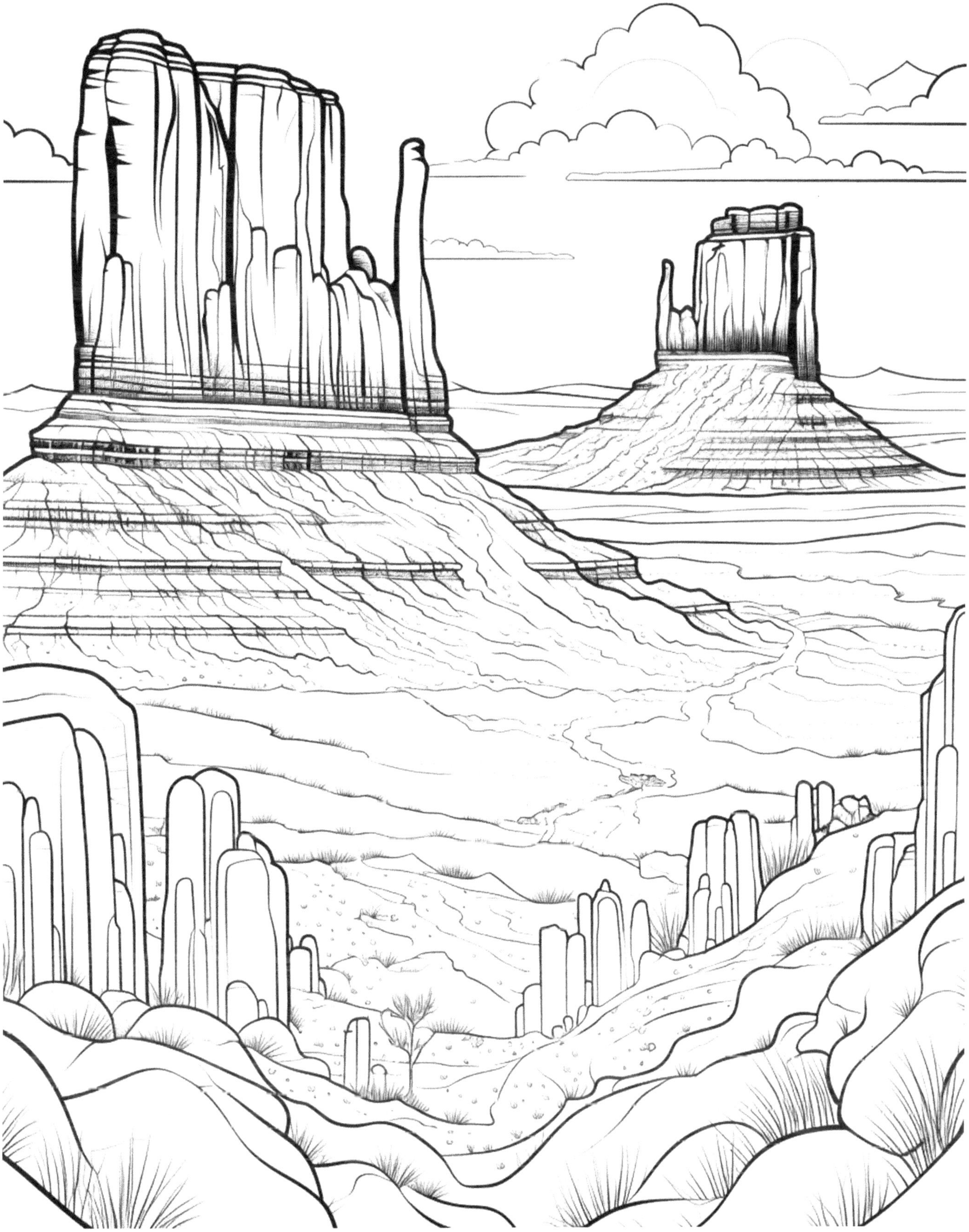

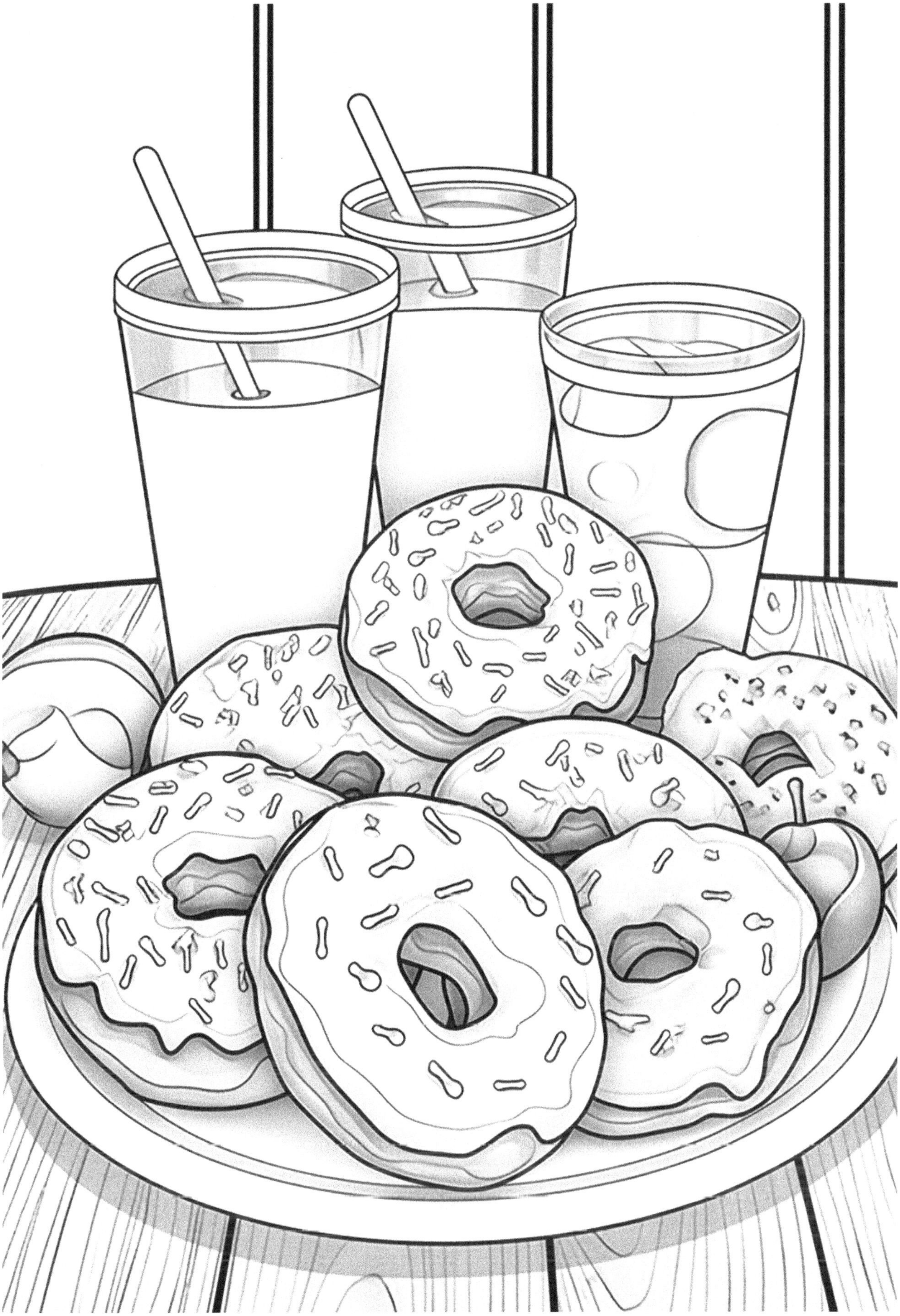

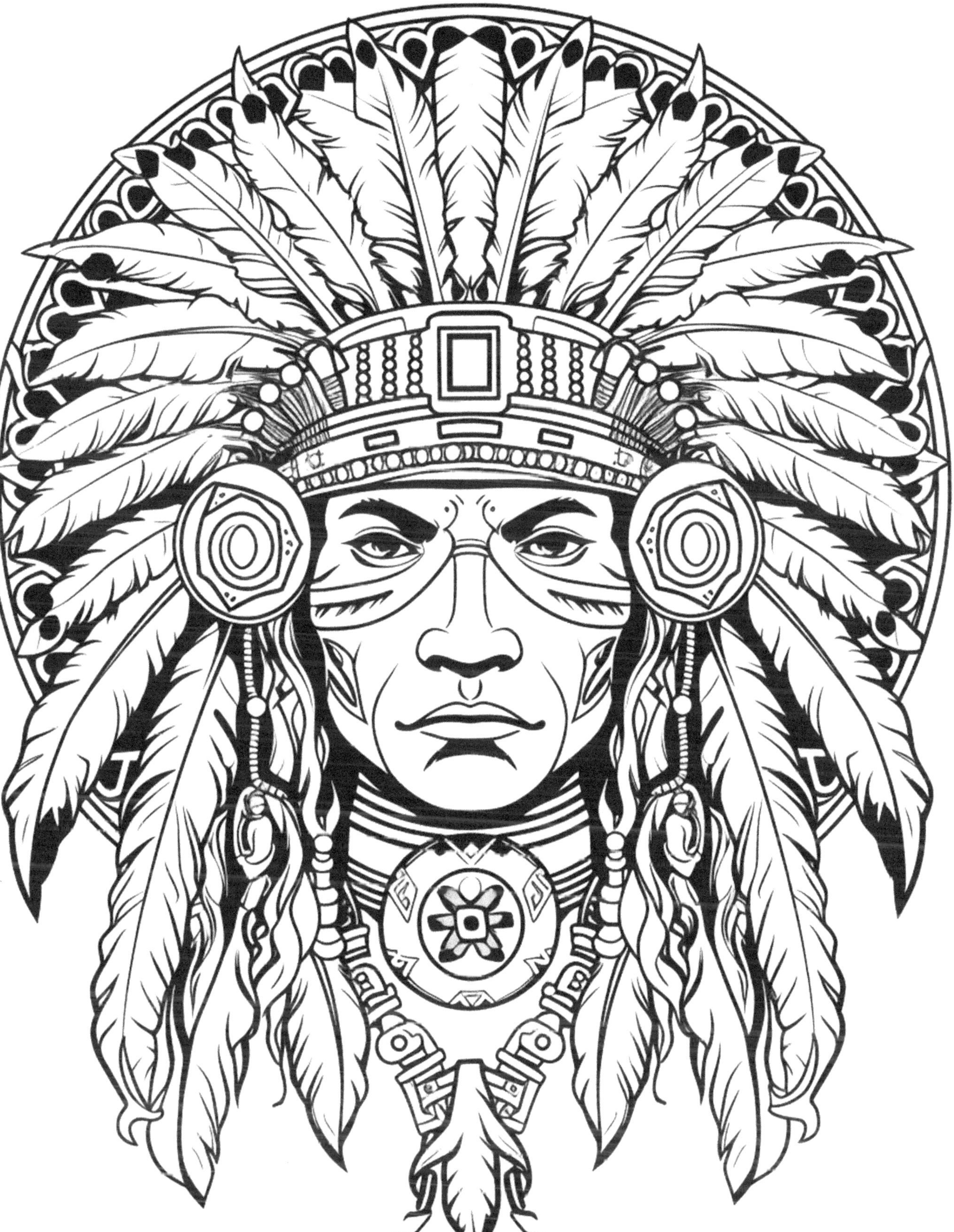

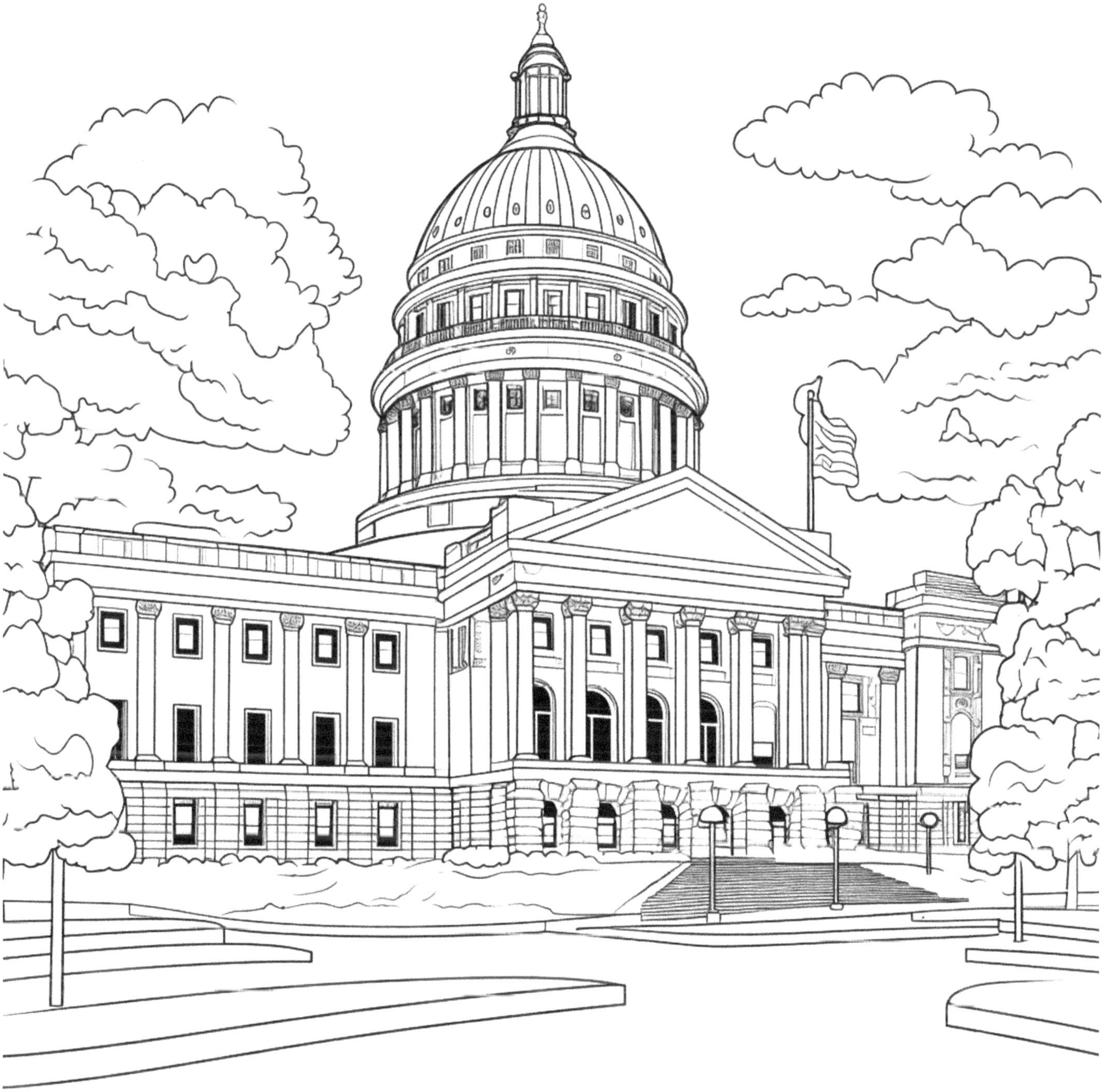

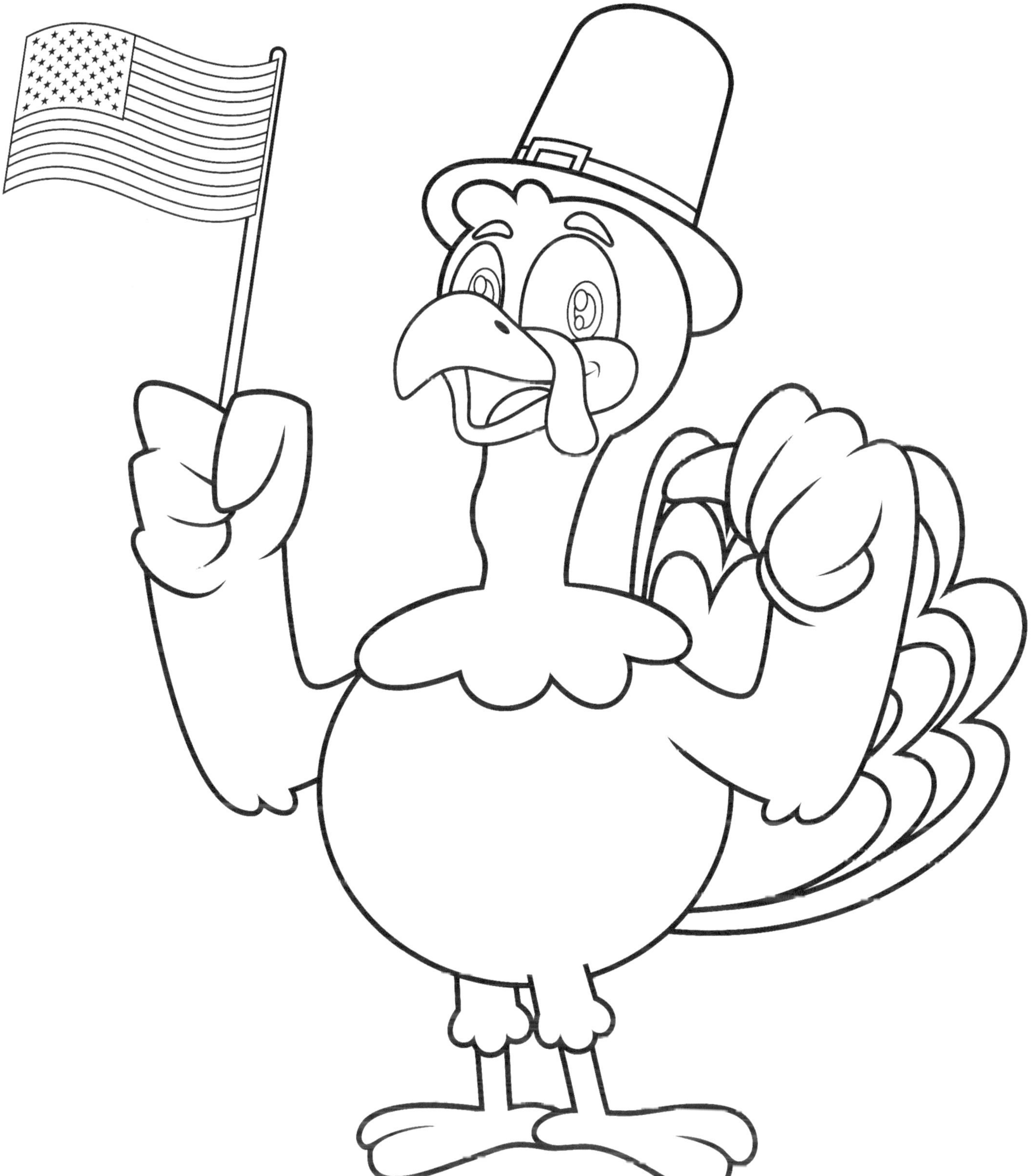

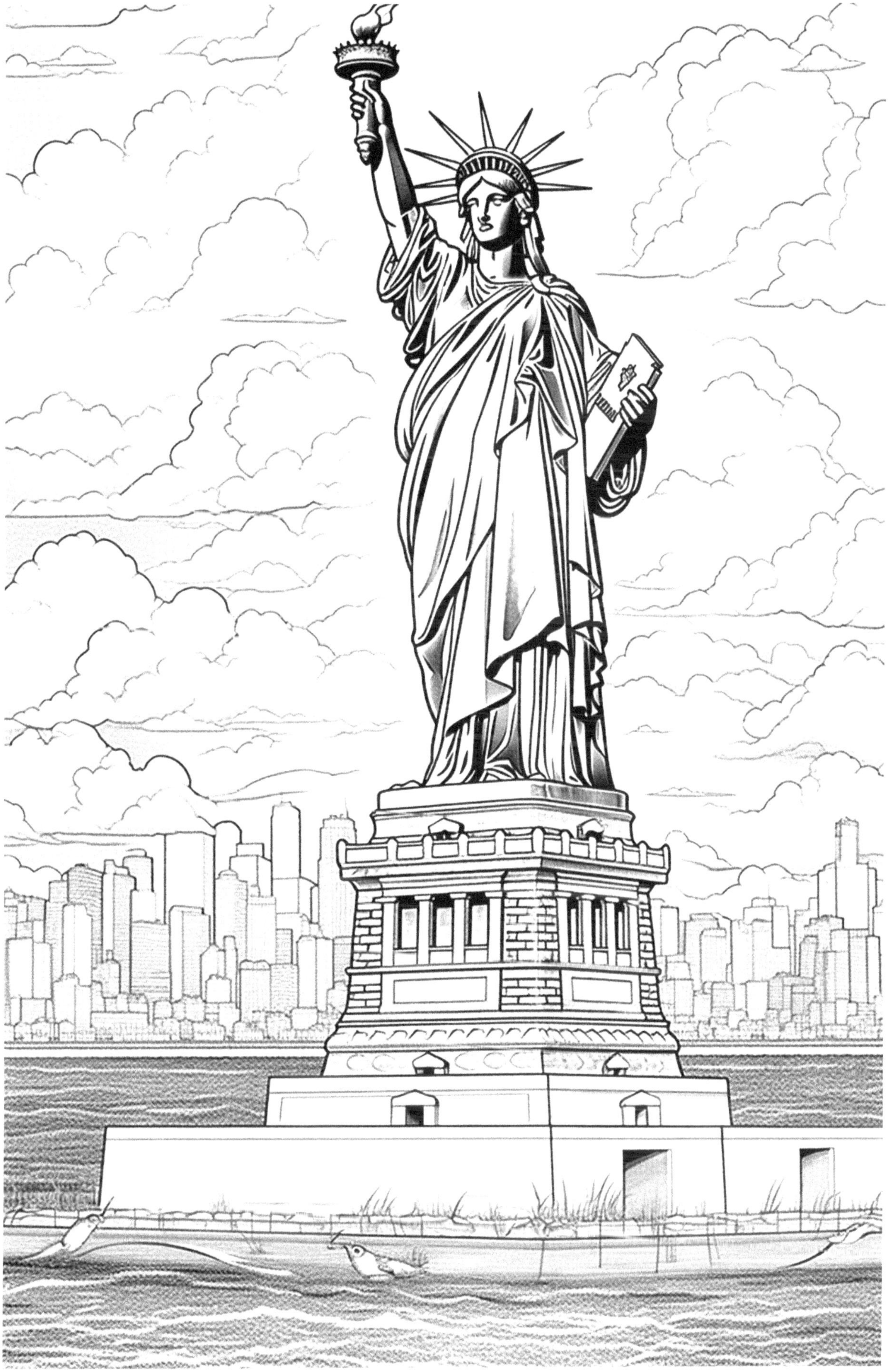

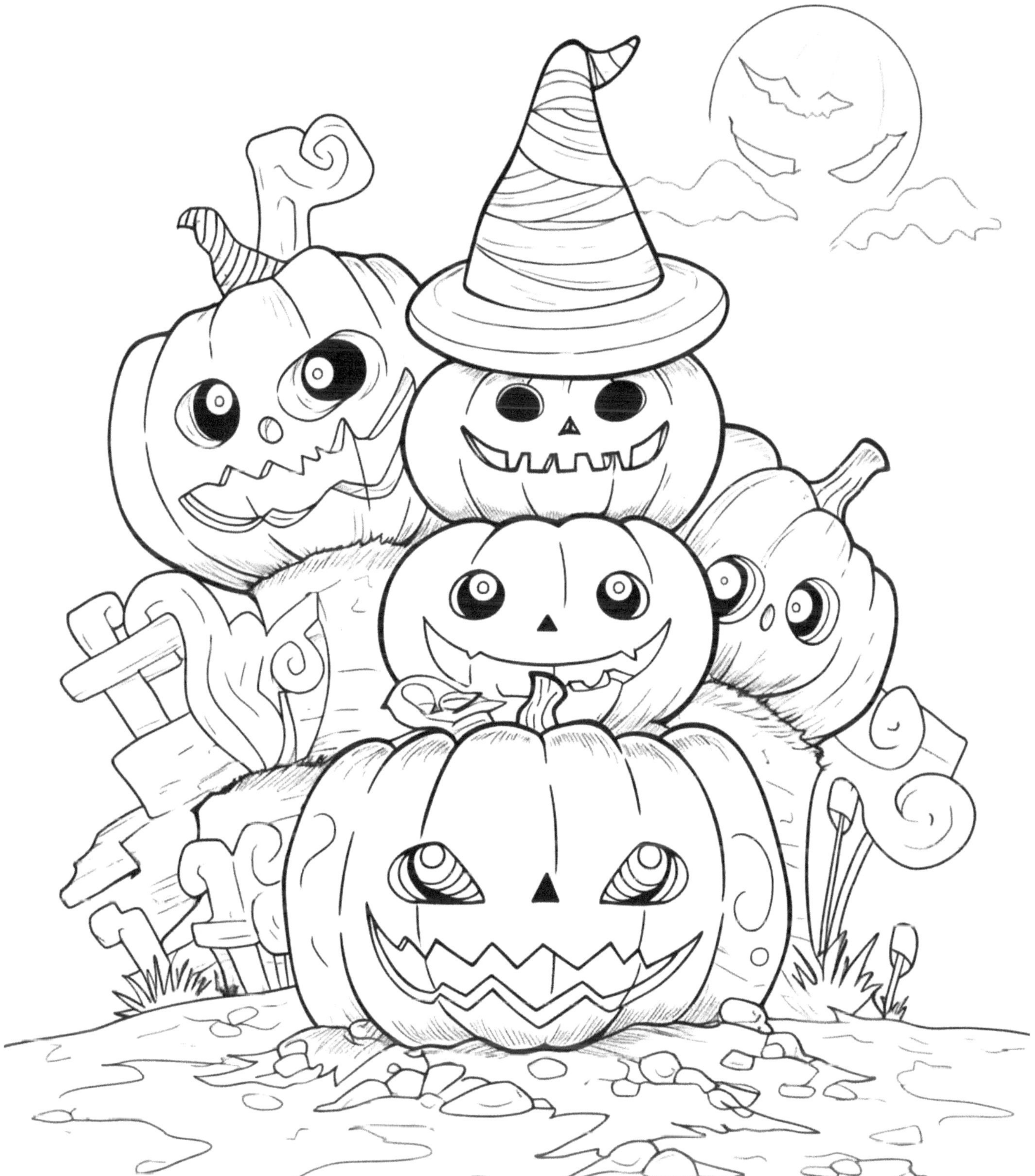

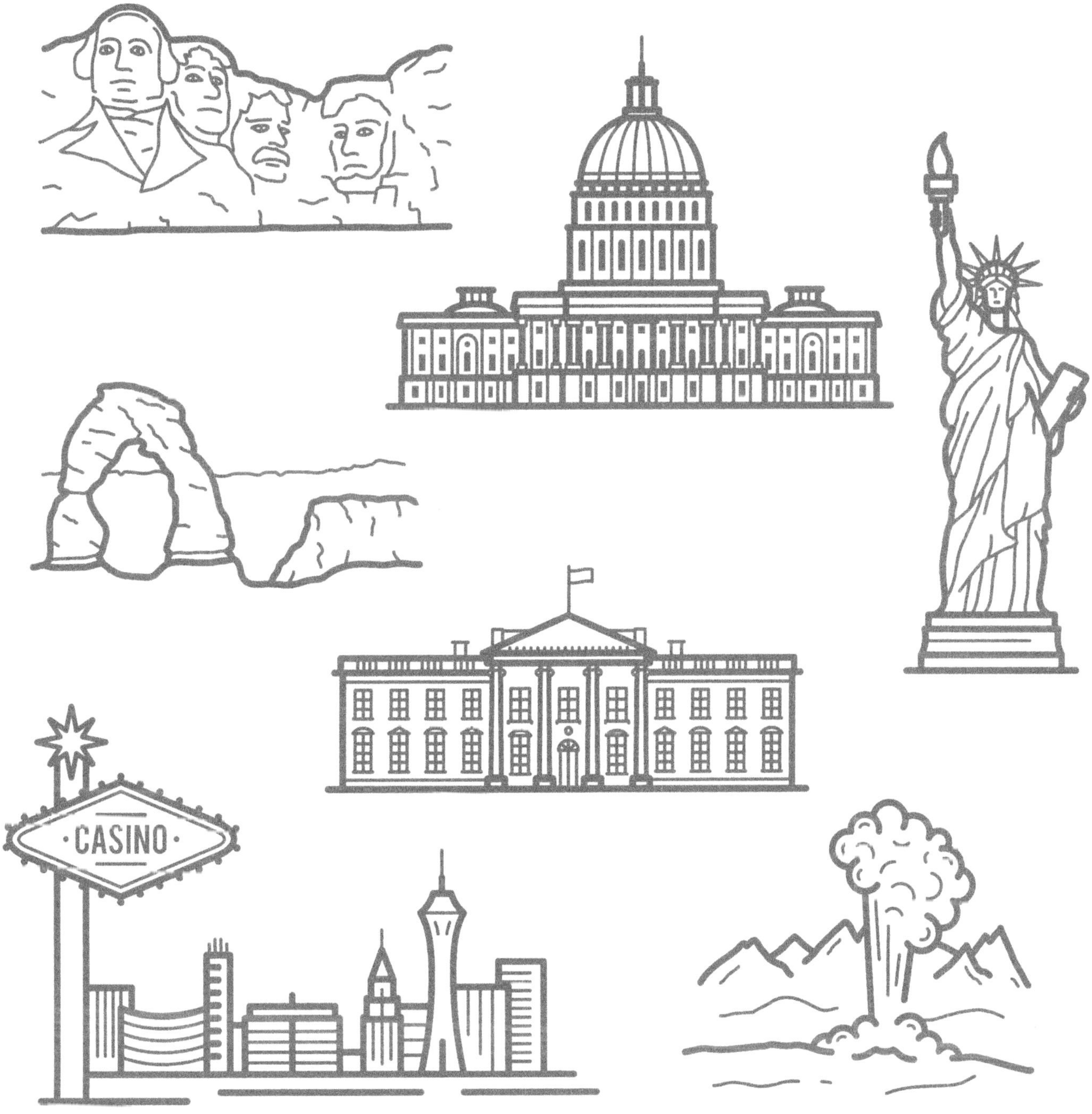
CASINO

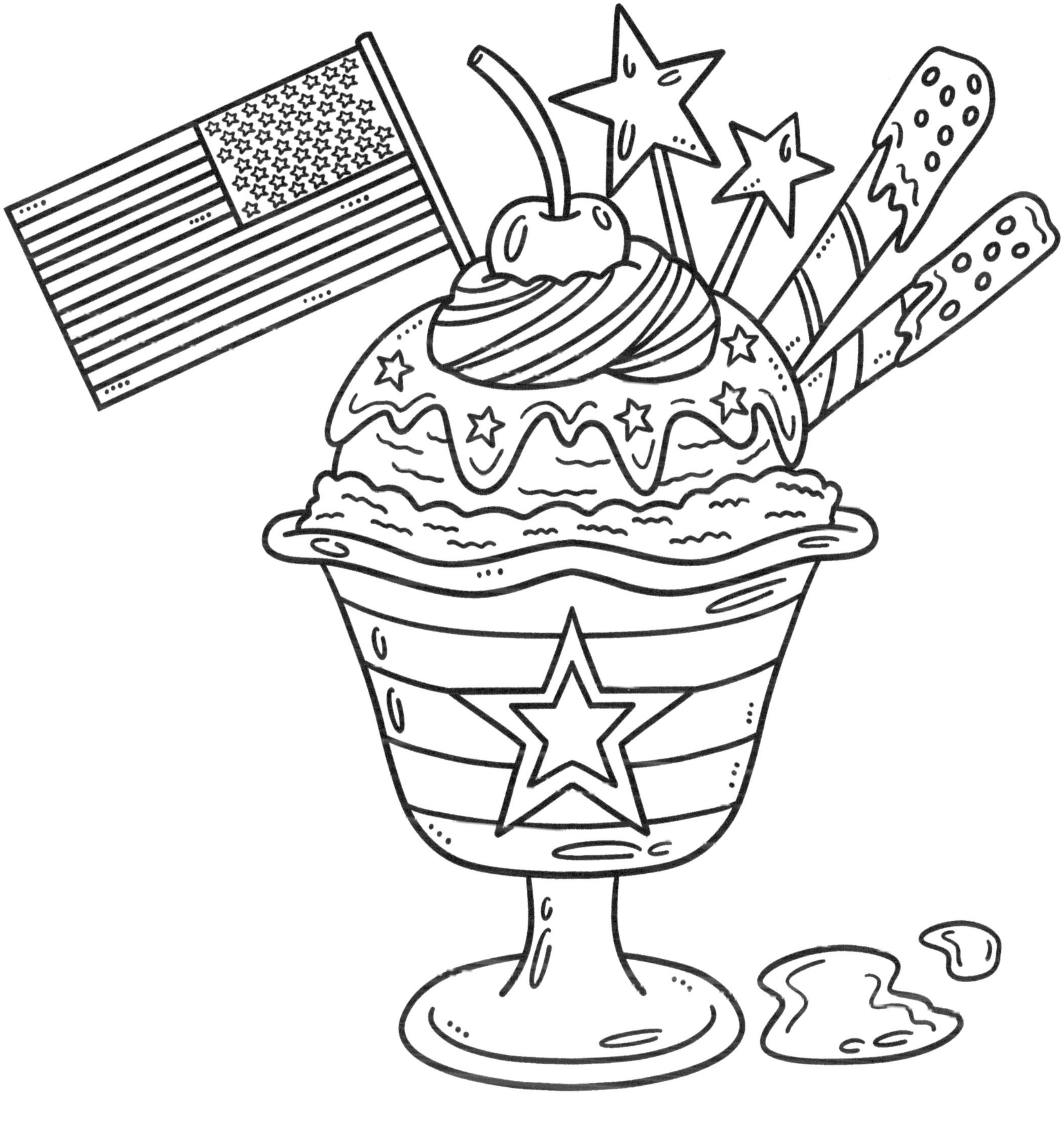

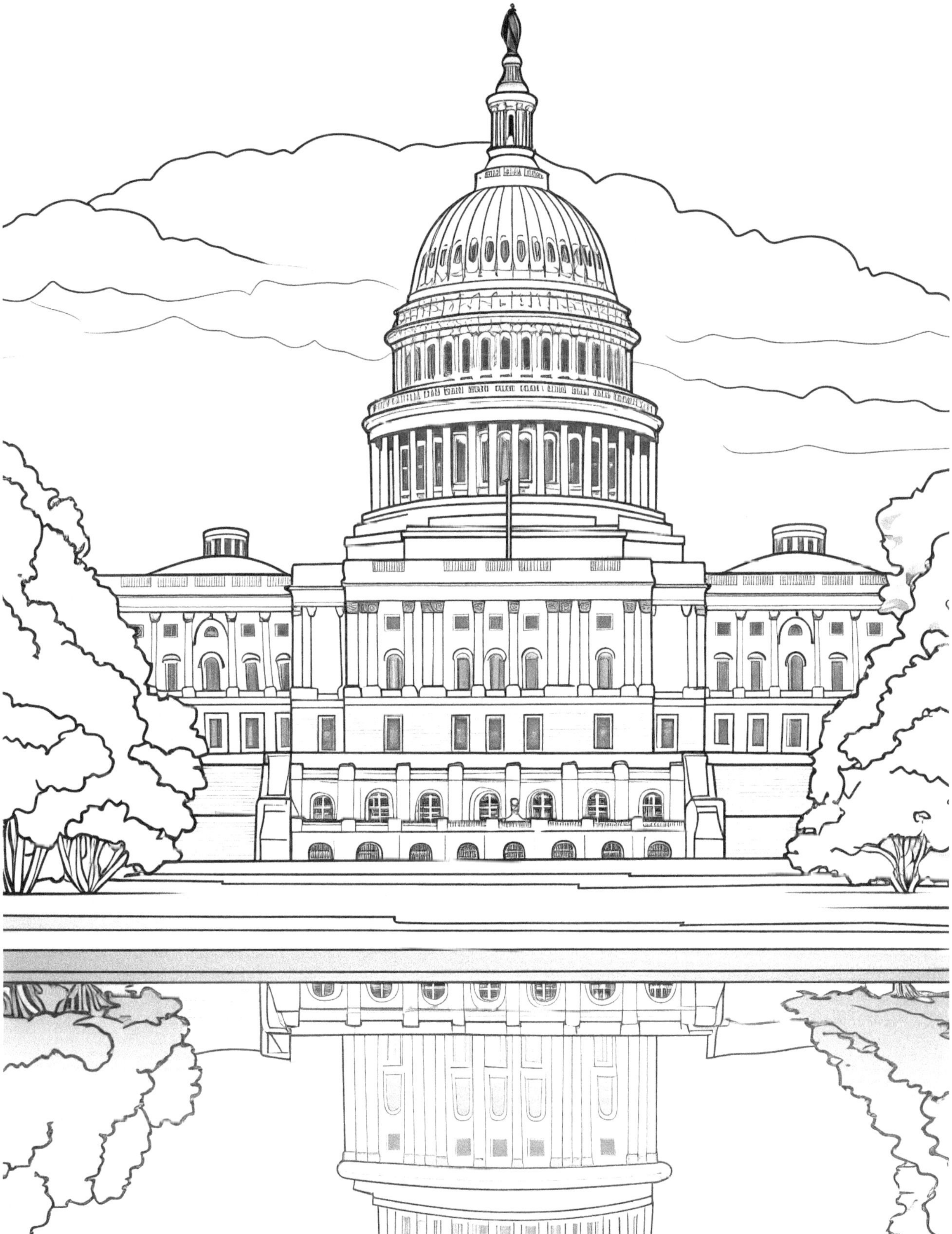

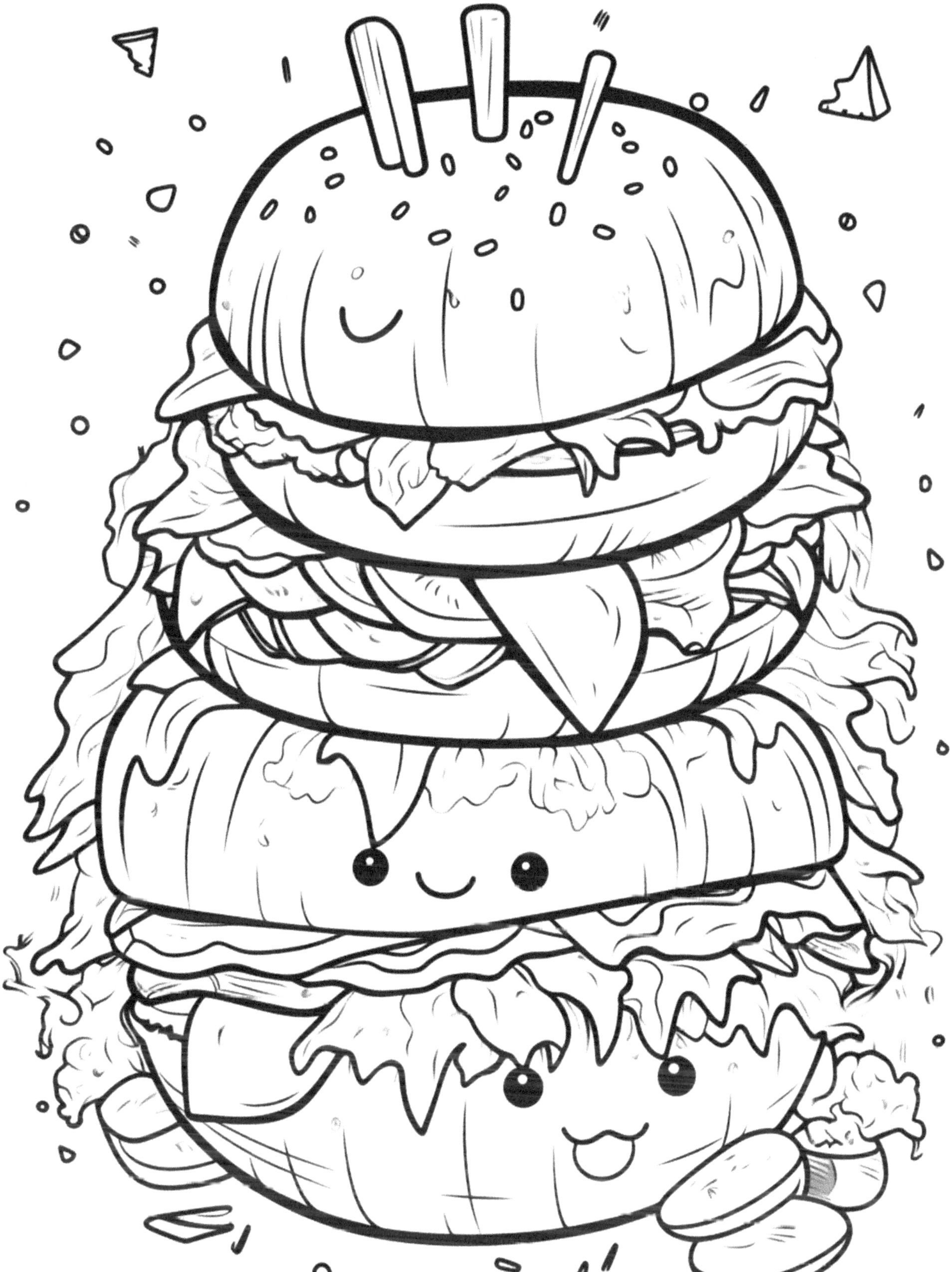

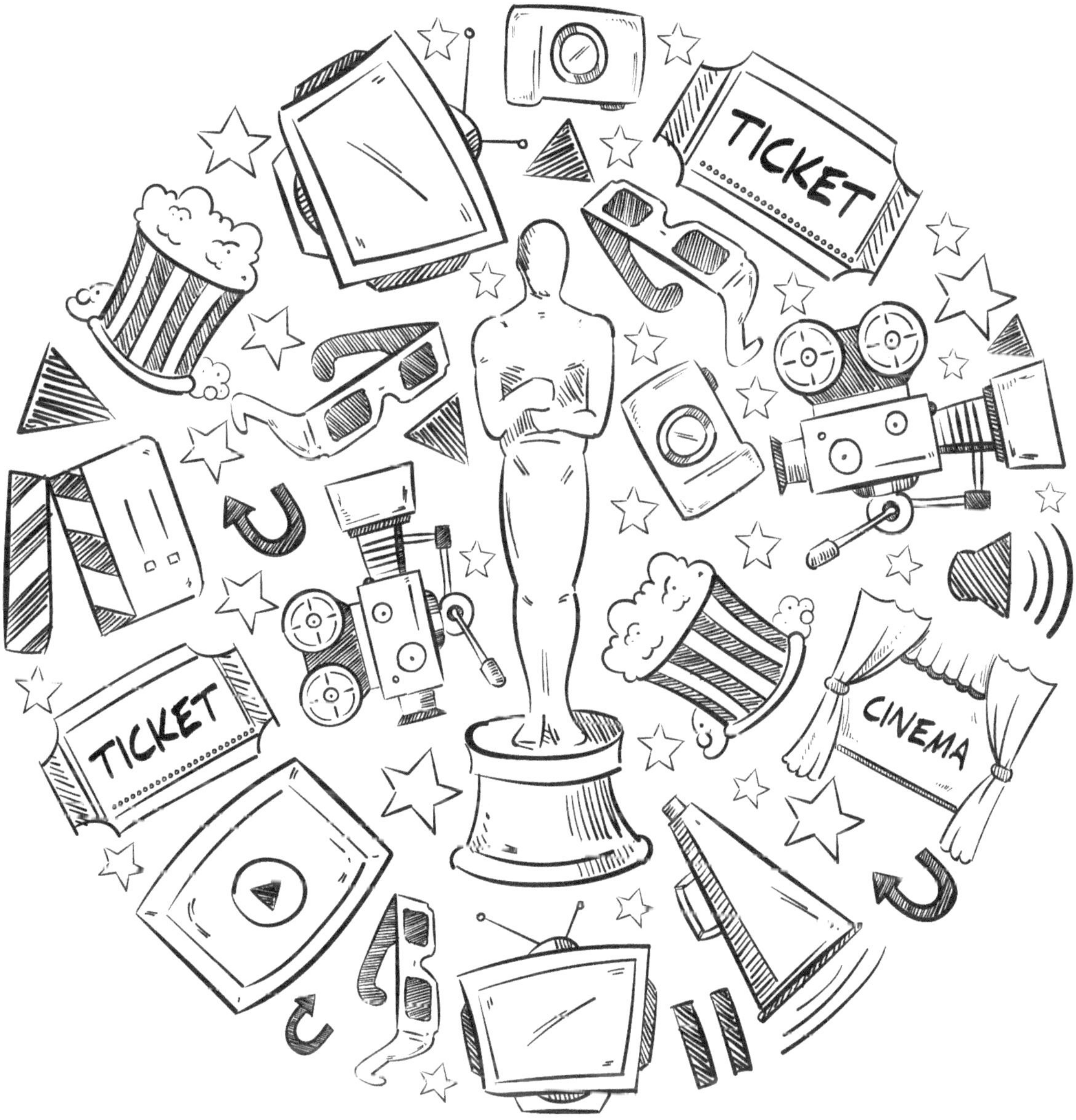
TICKET
TICKET
CINEMA

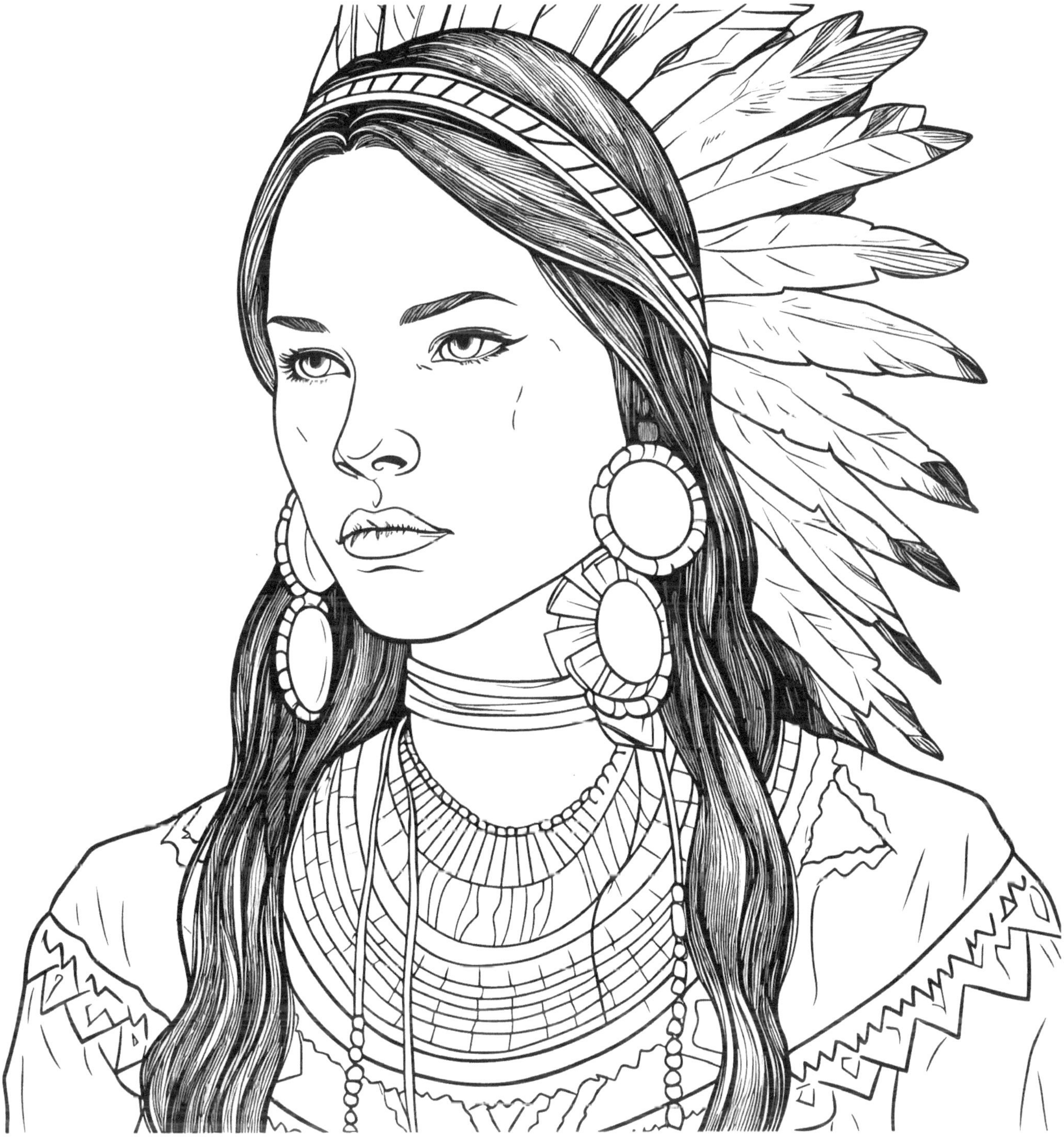

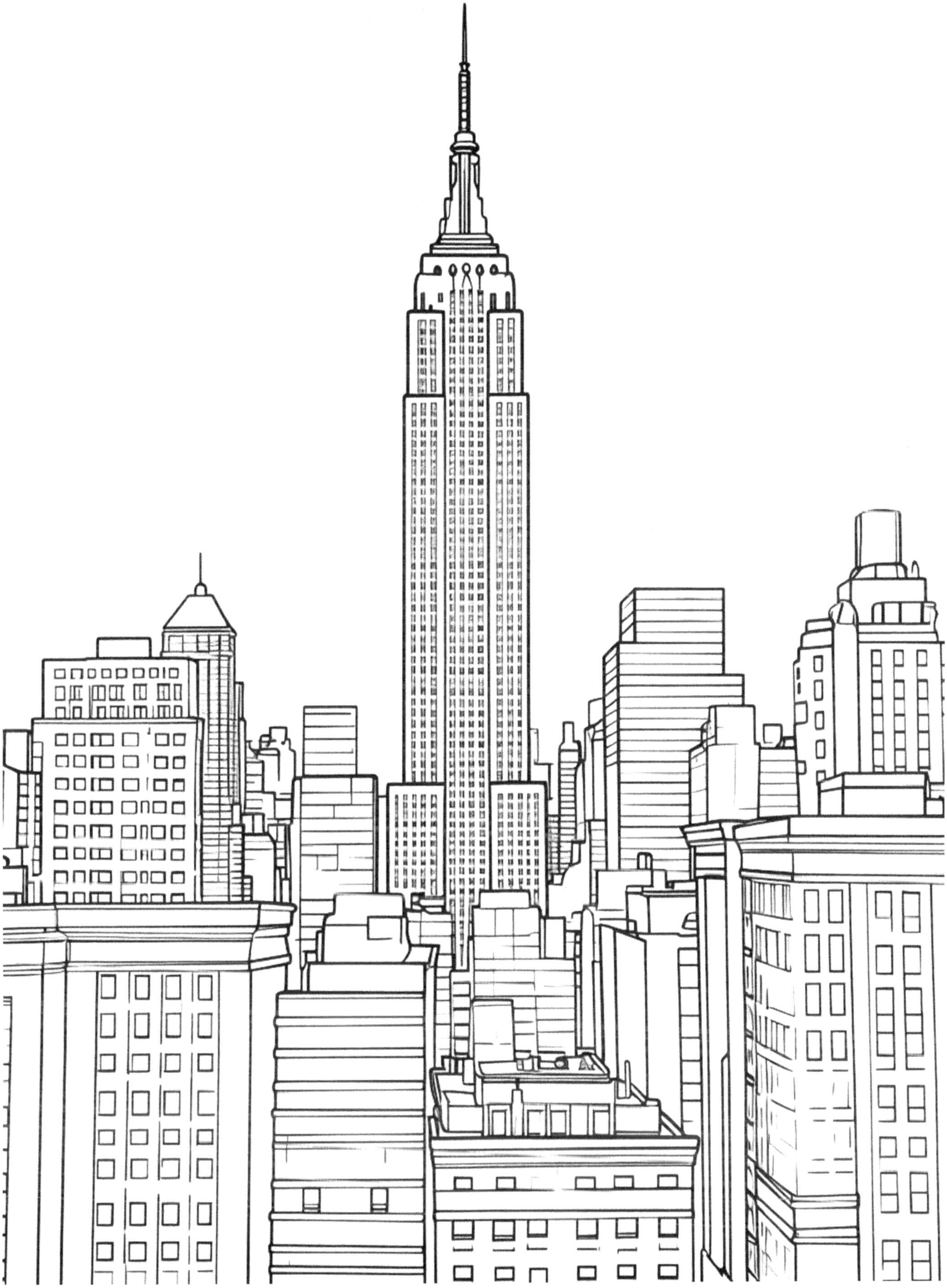

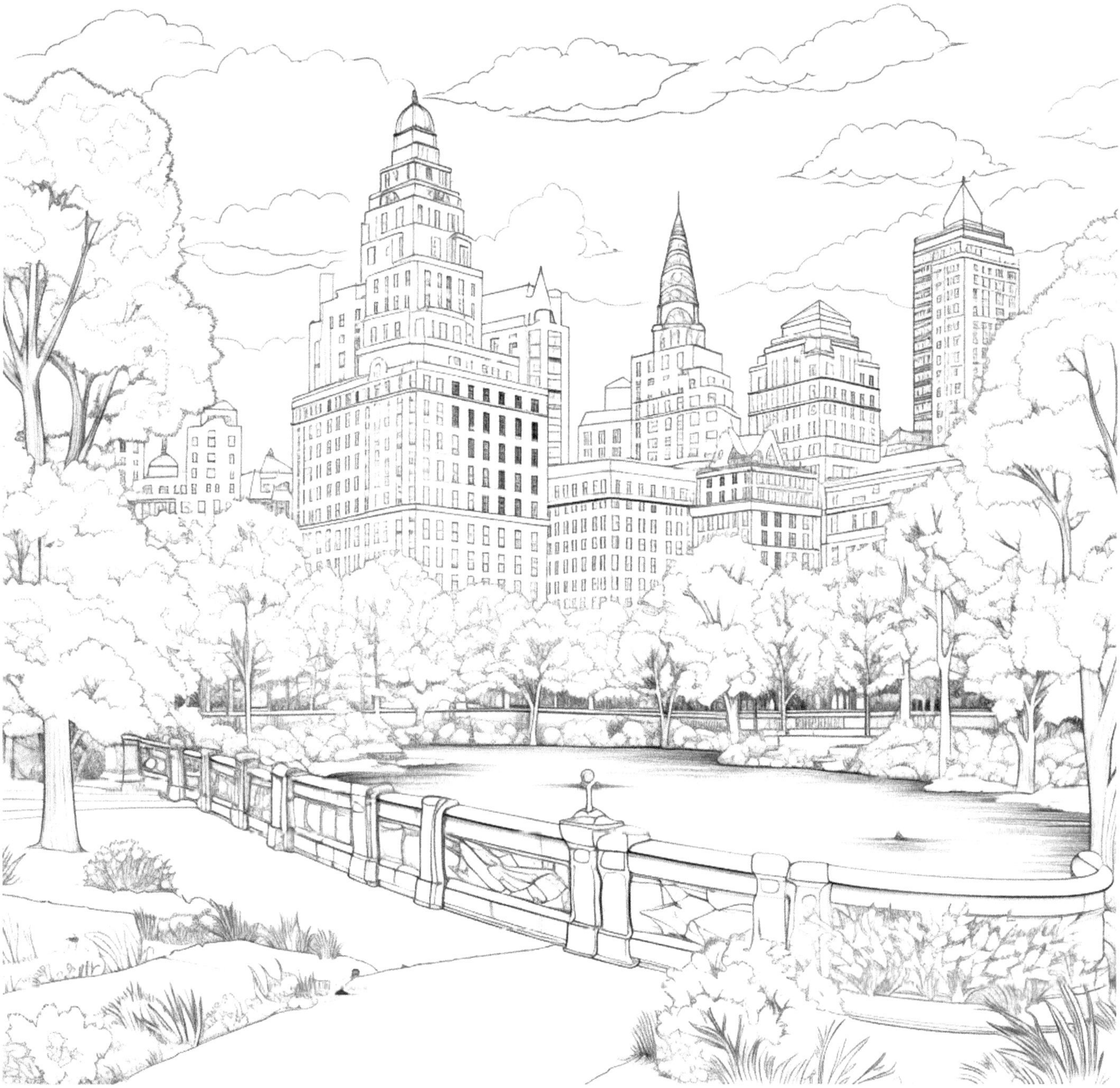

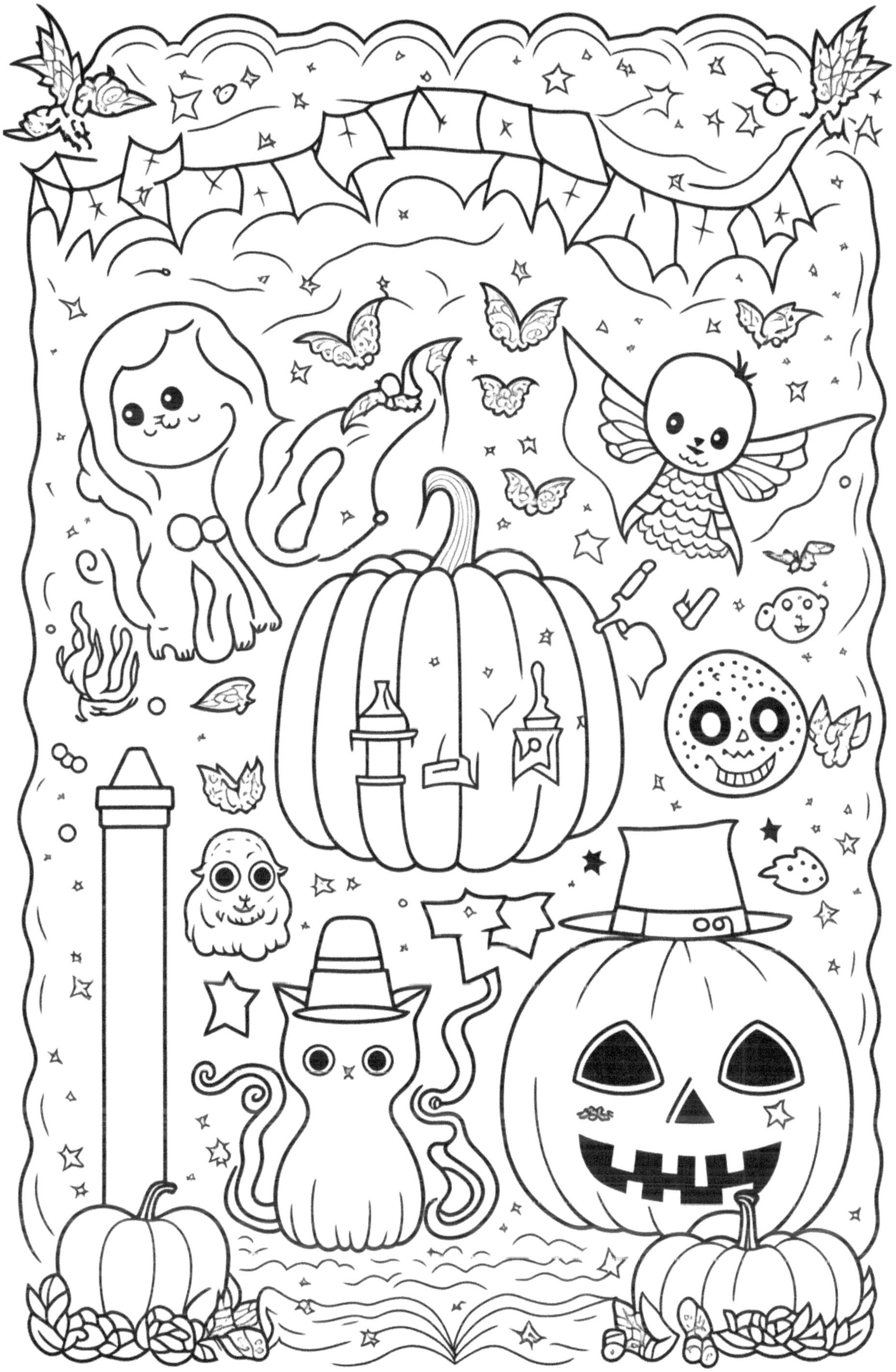

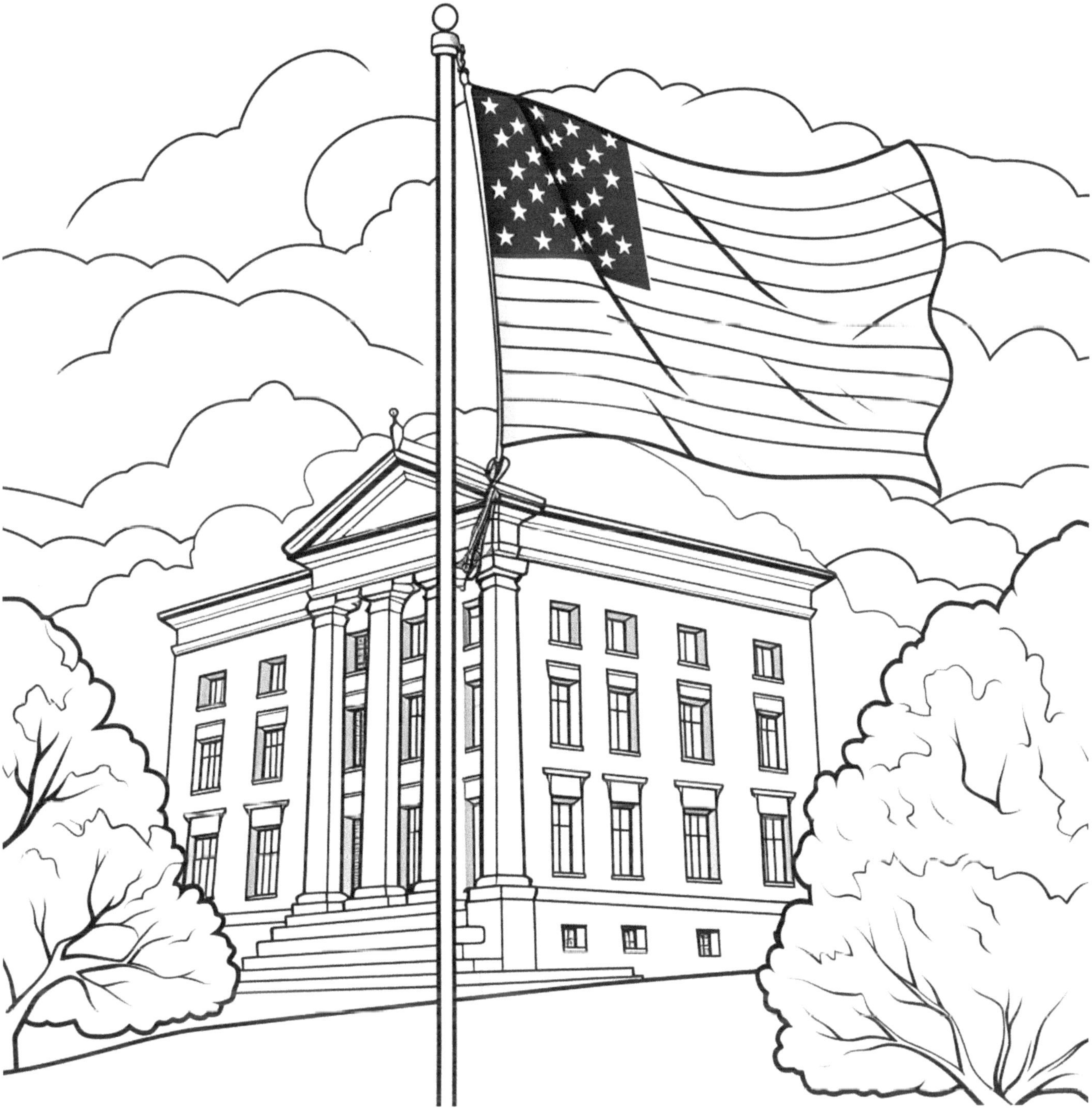

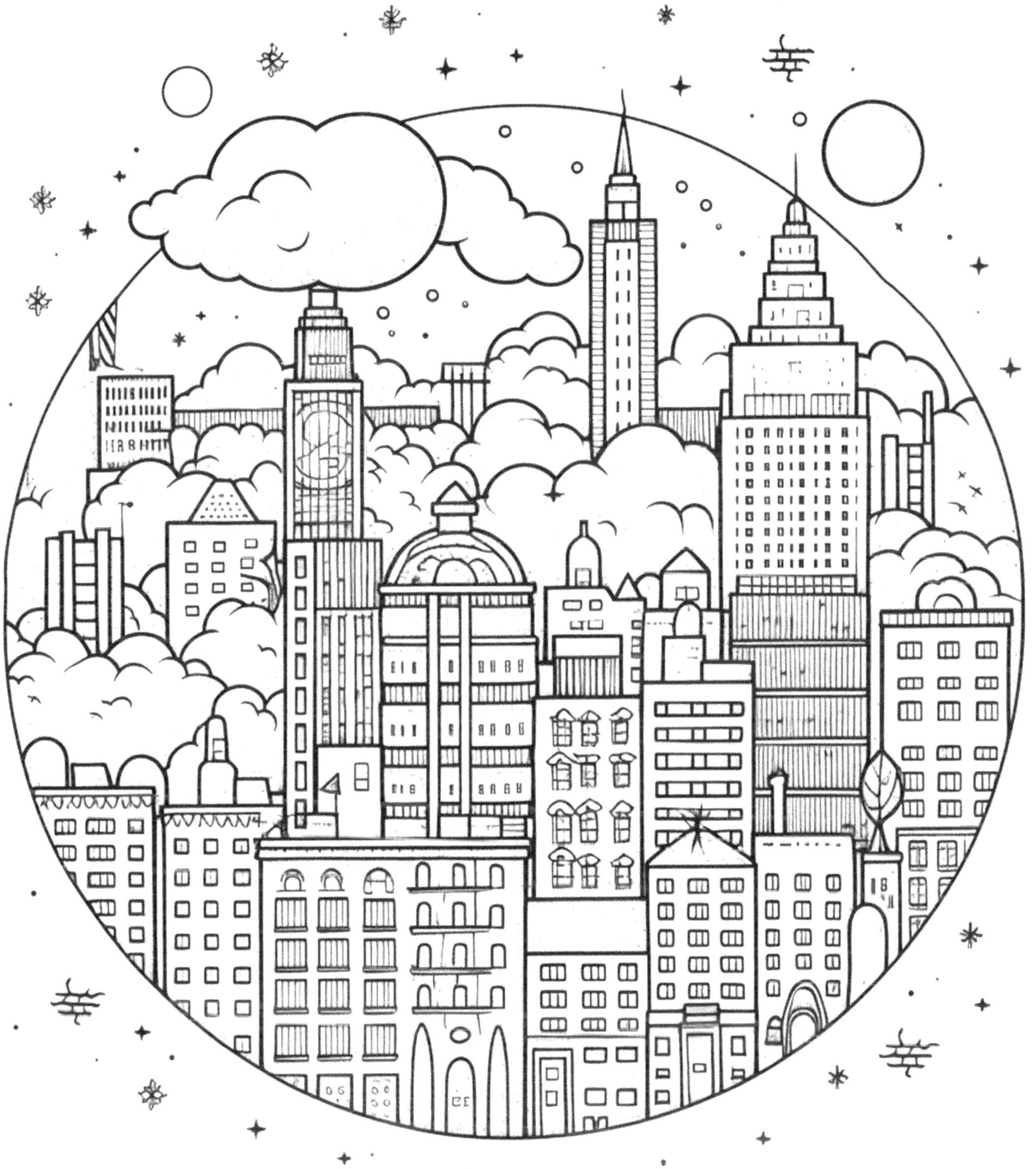

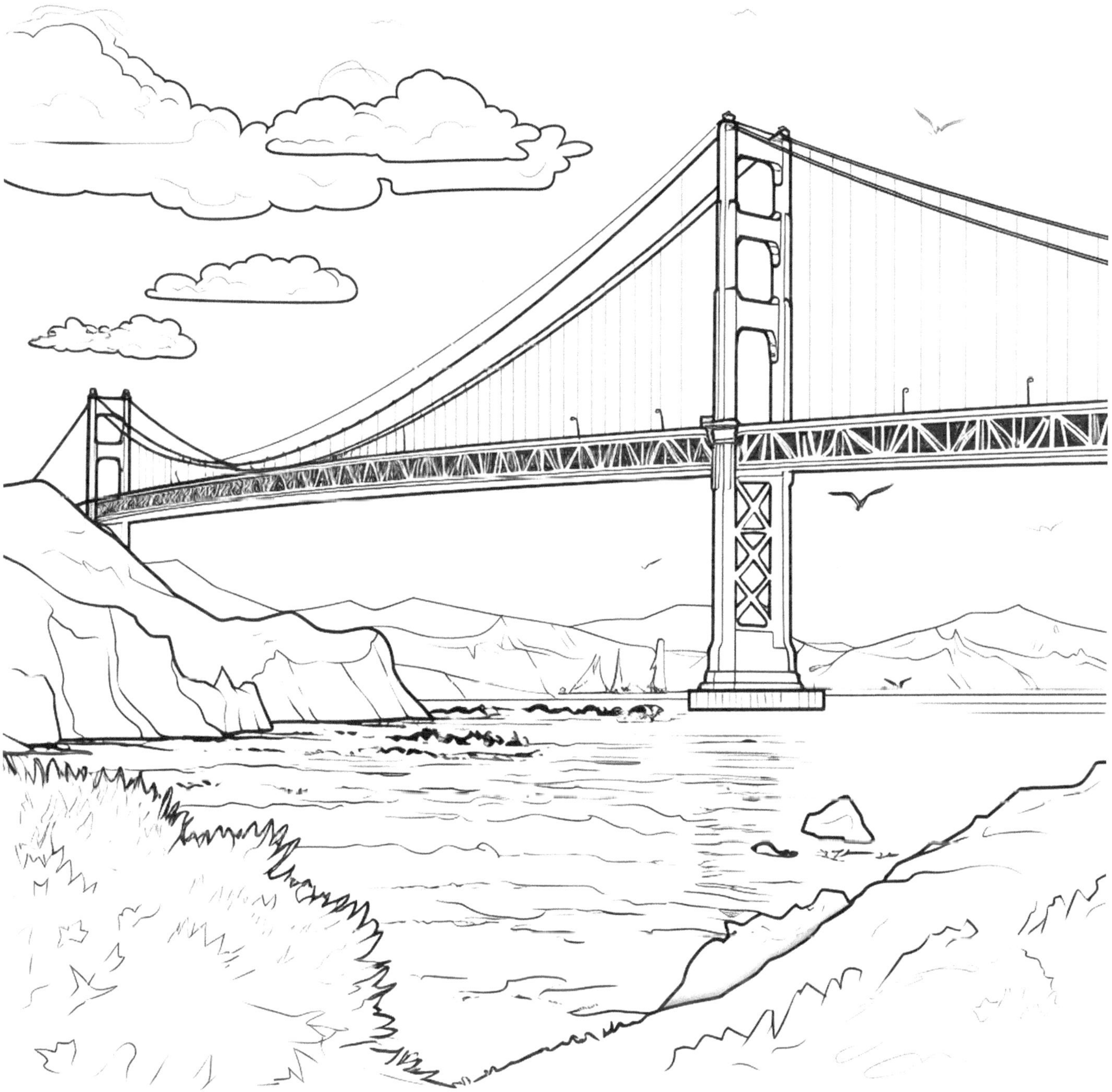

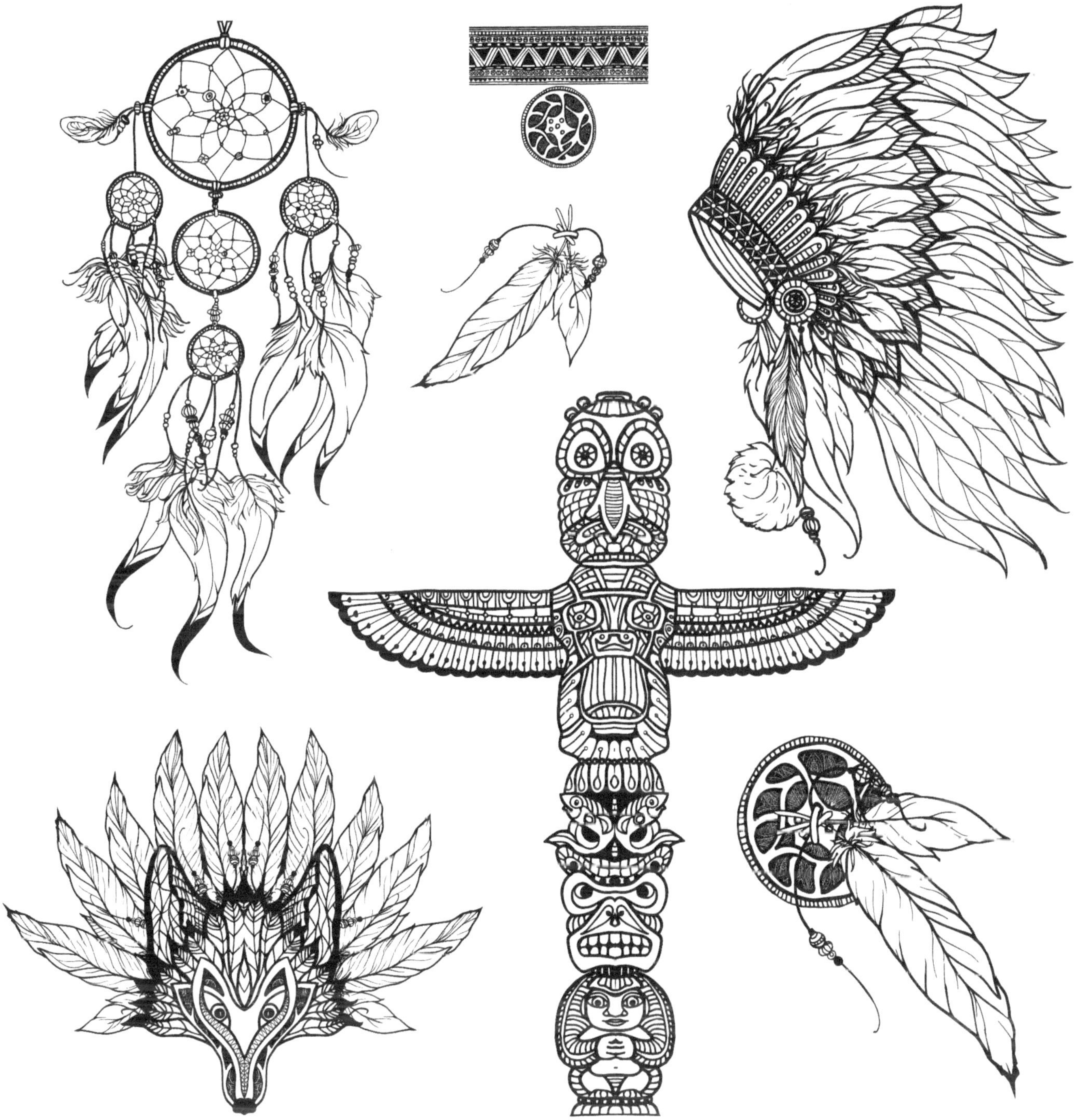

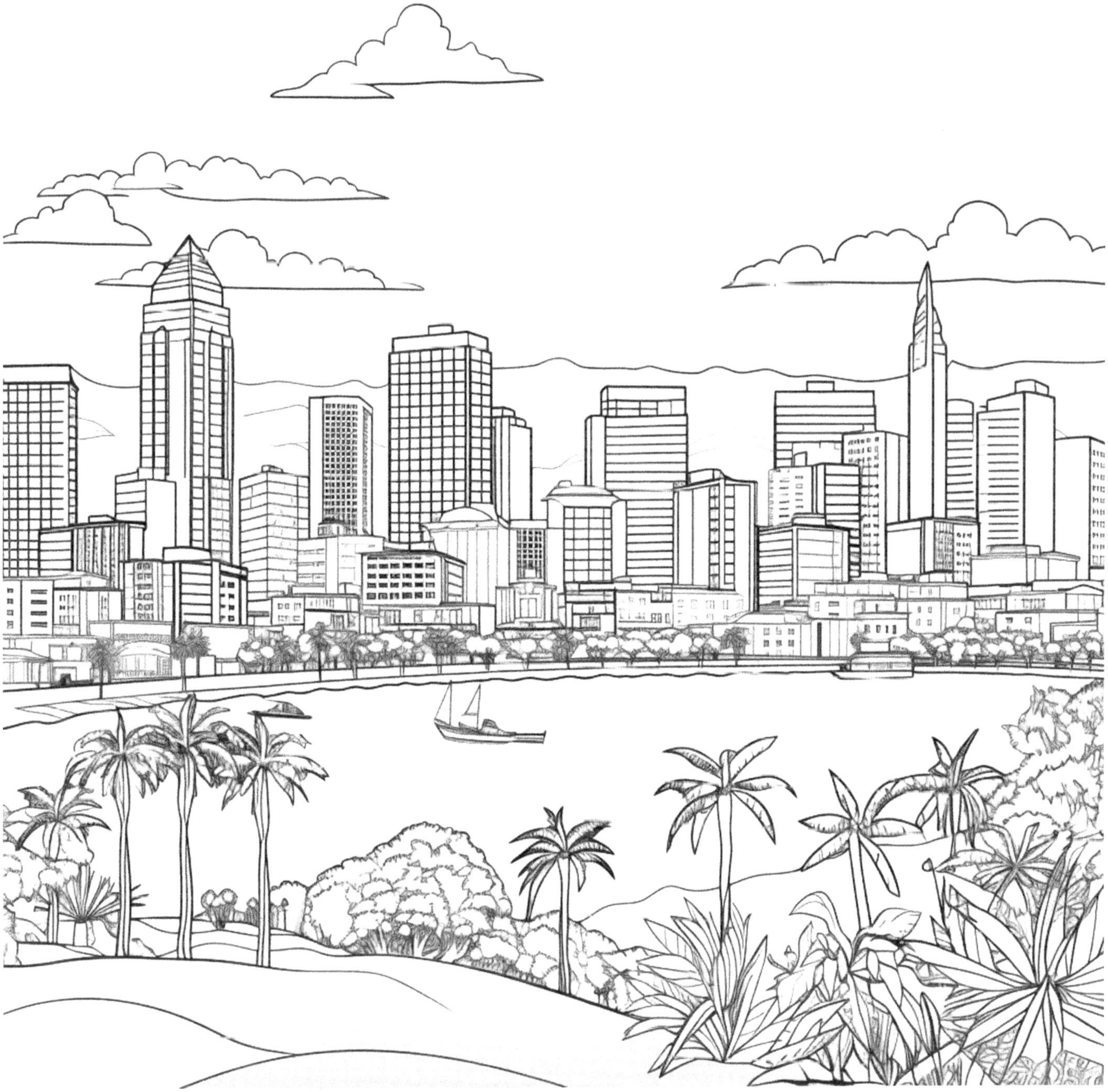

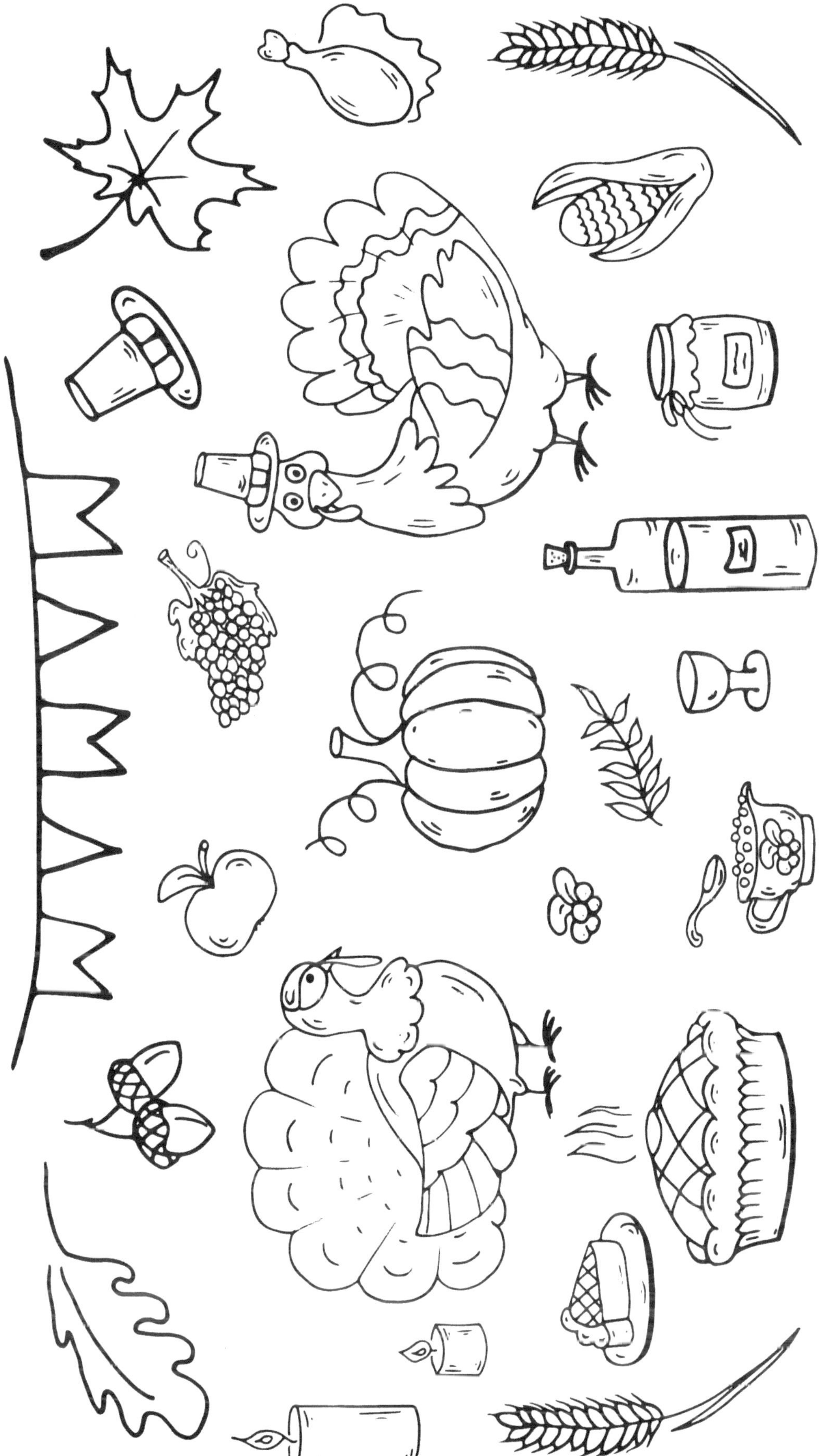

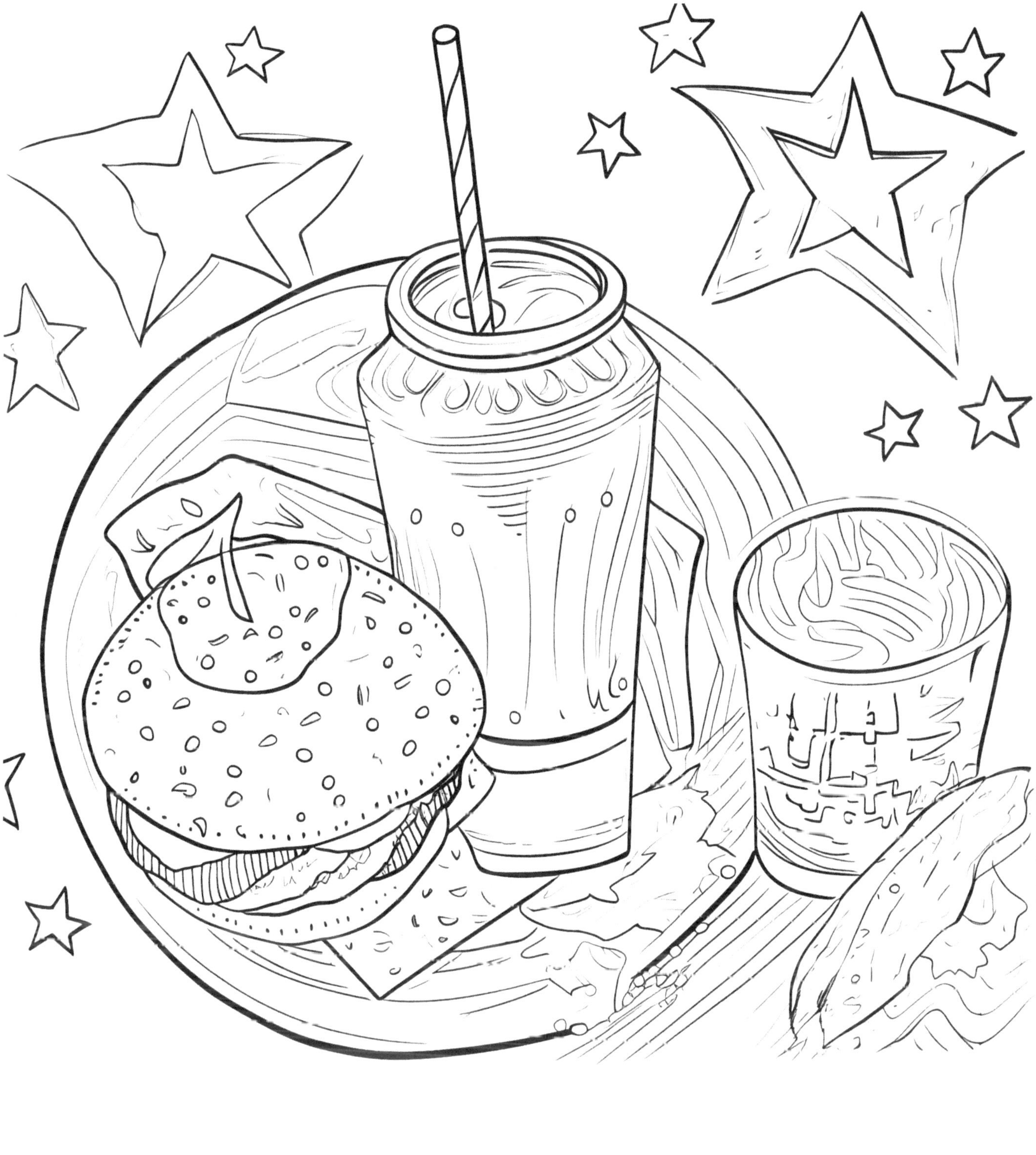

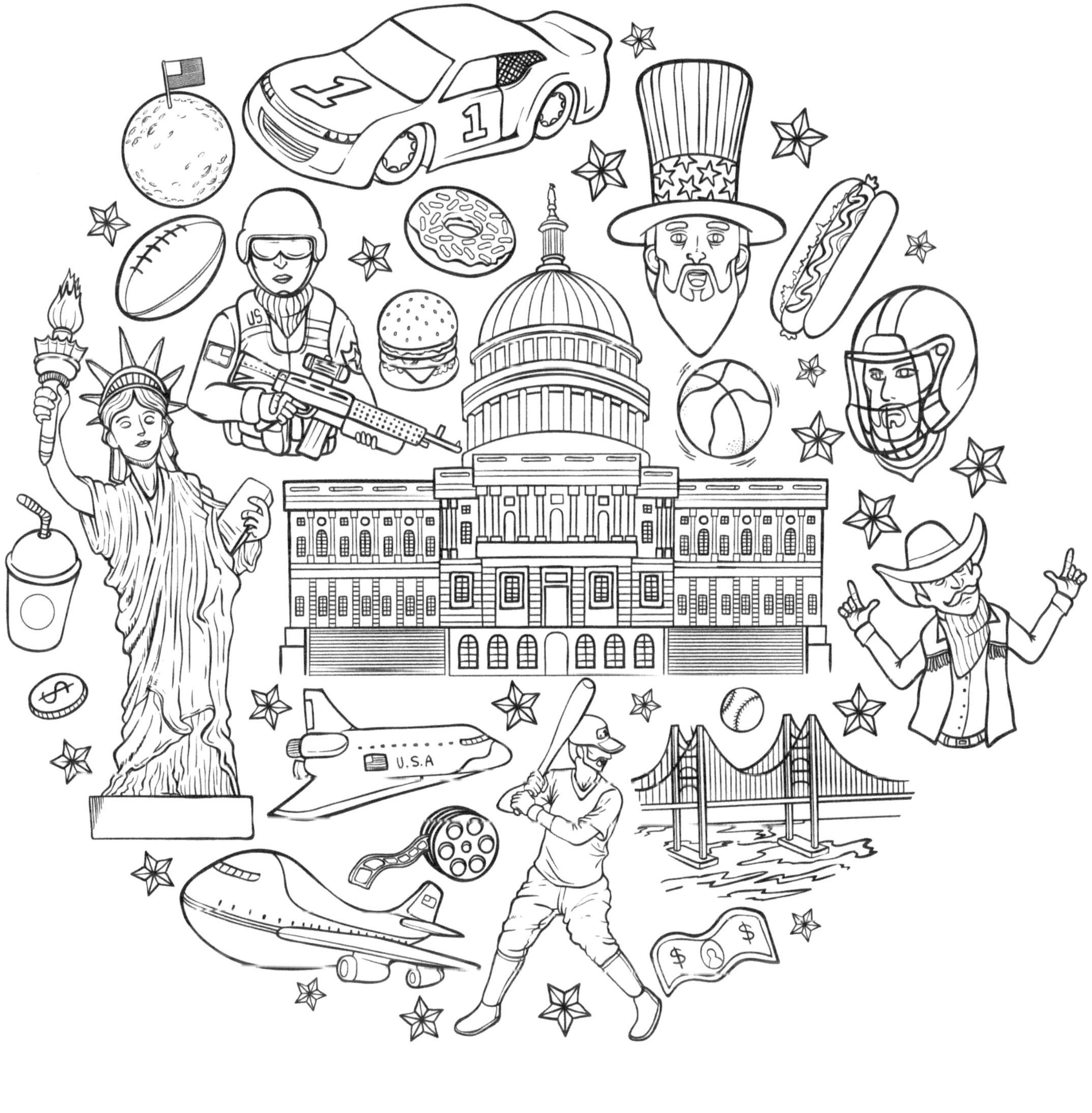
1
US
U.S.A

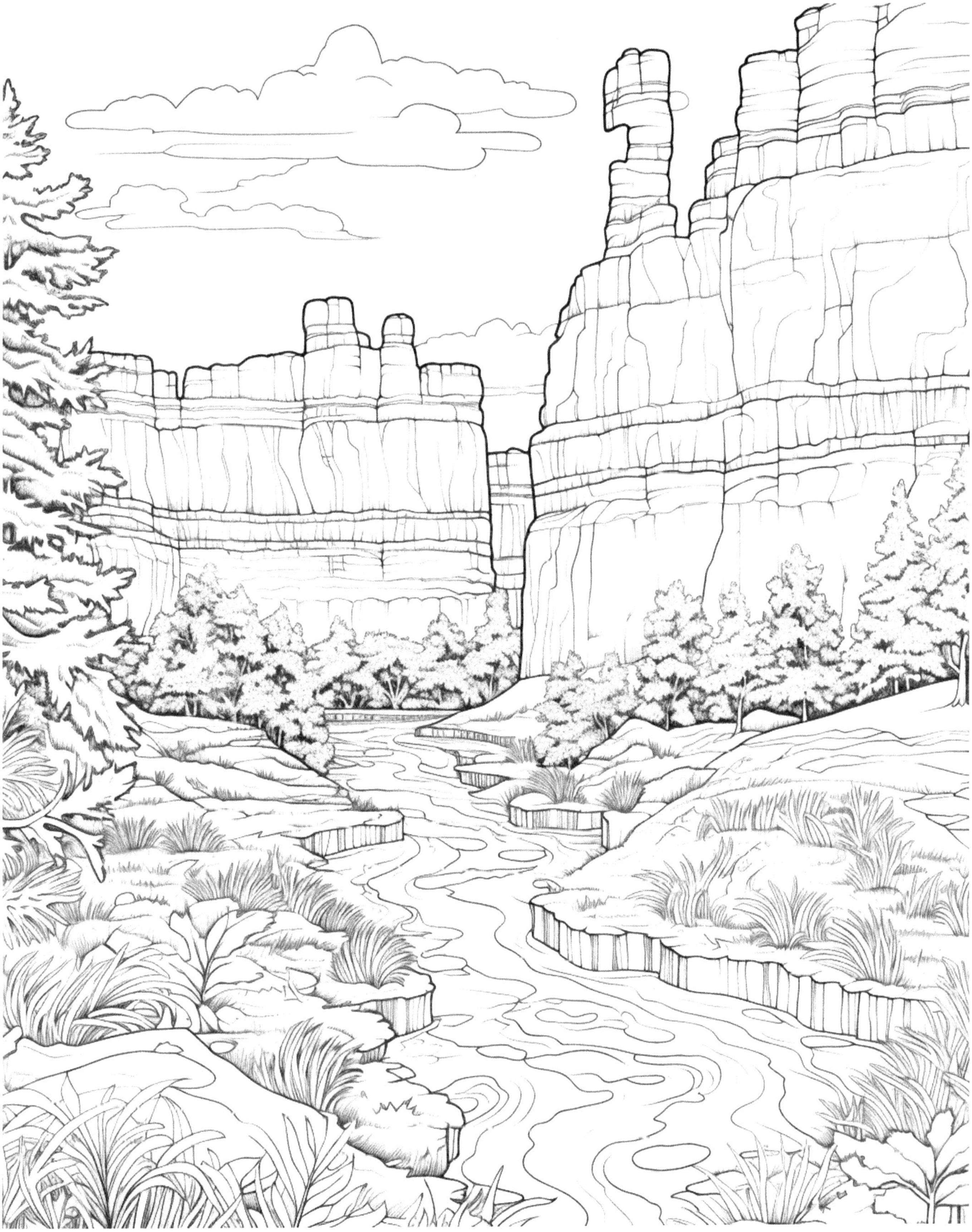

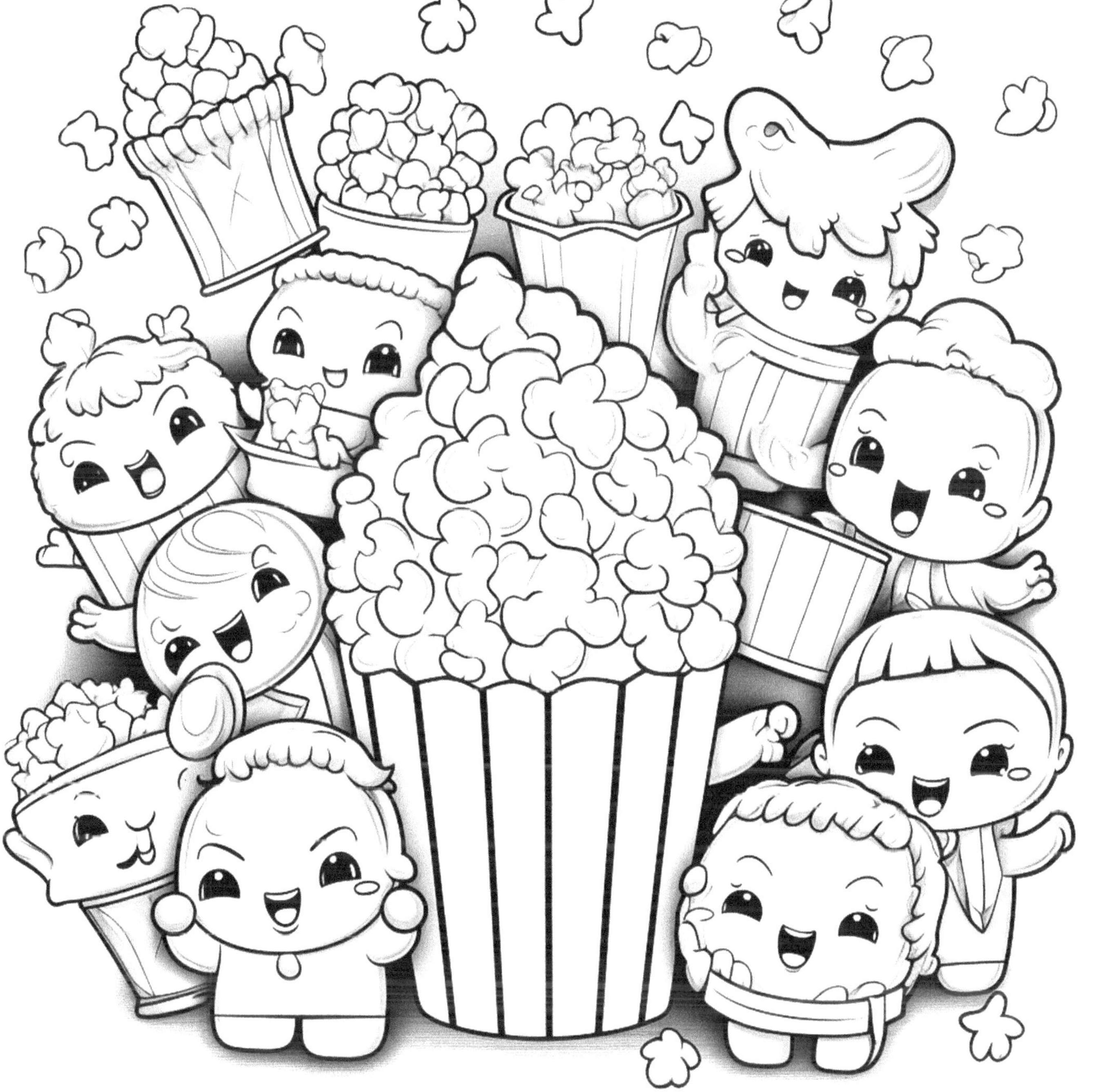

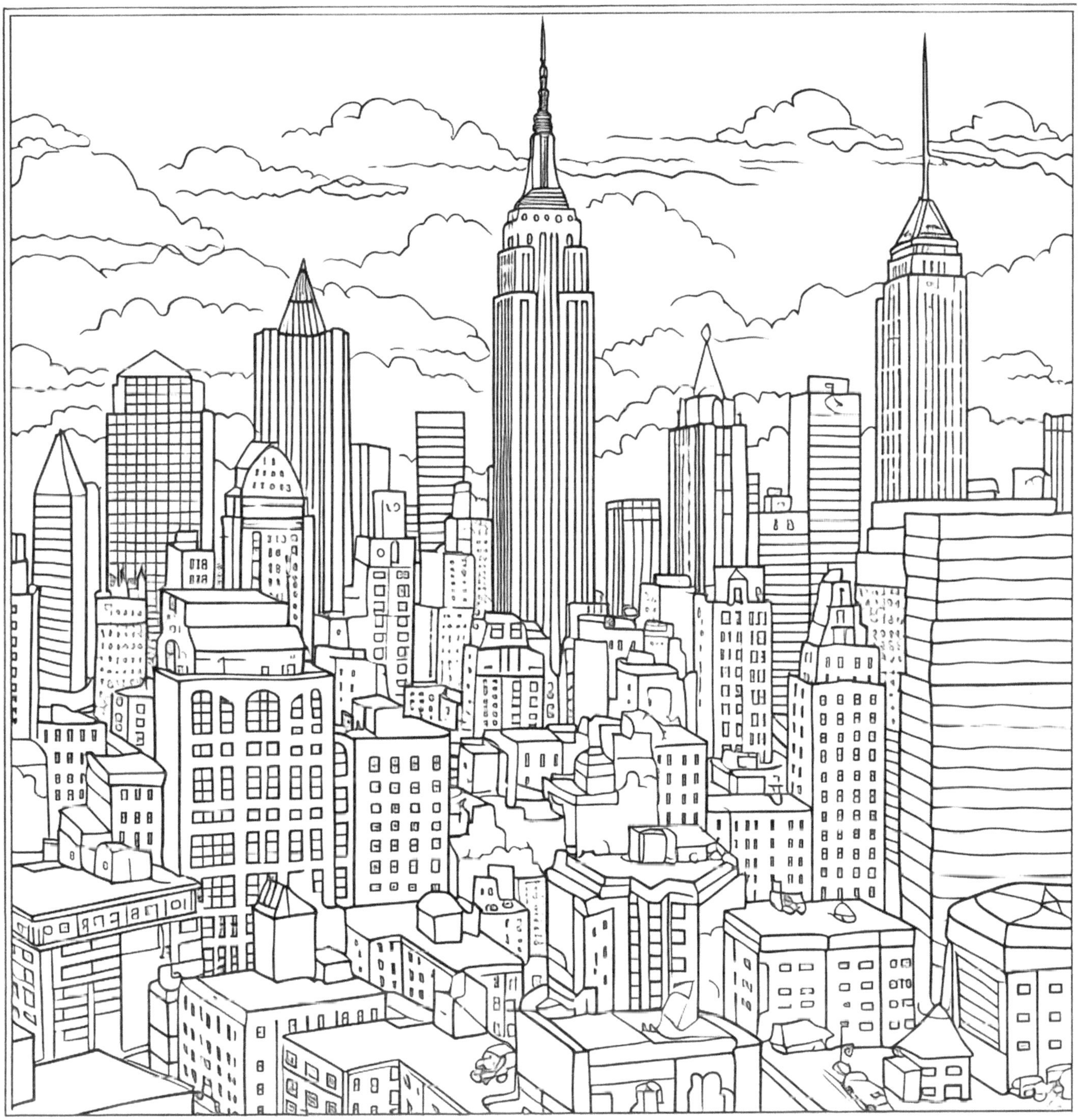

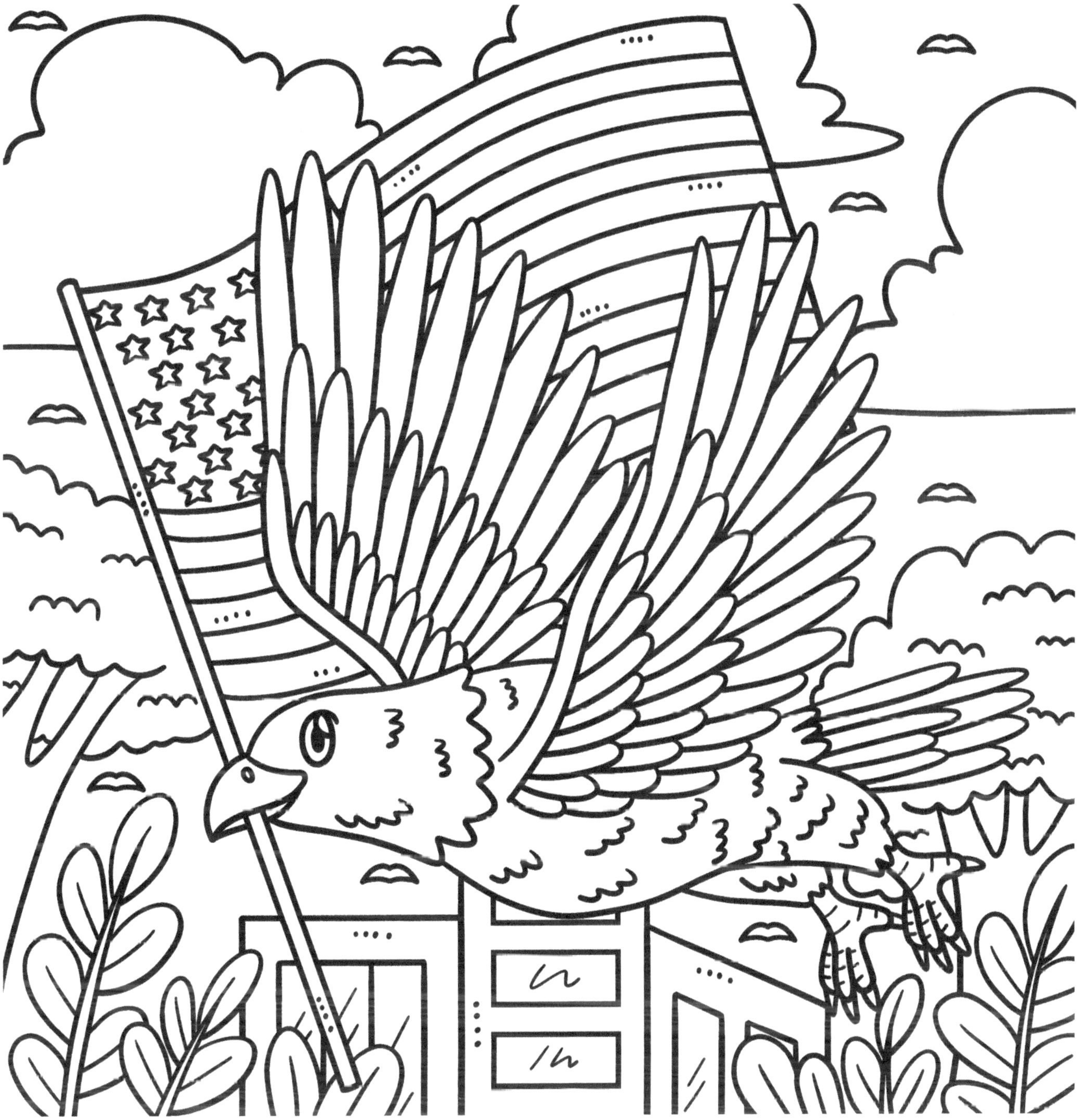

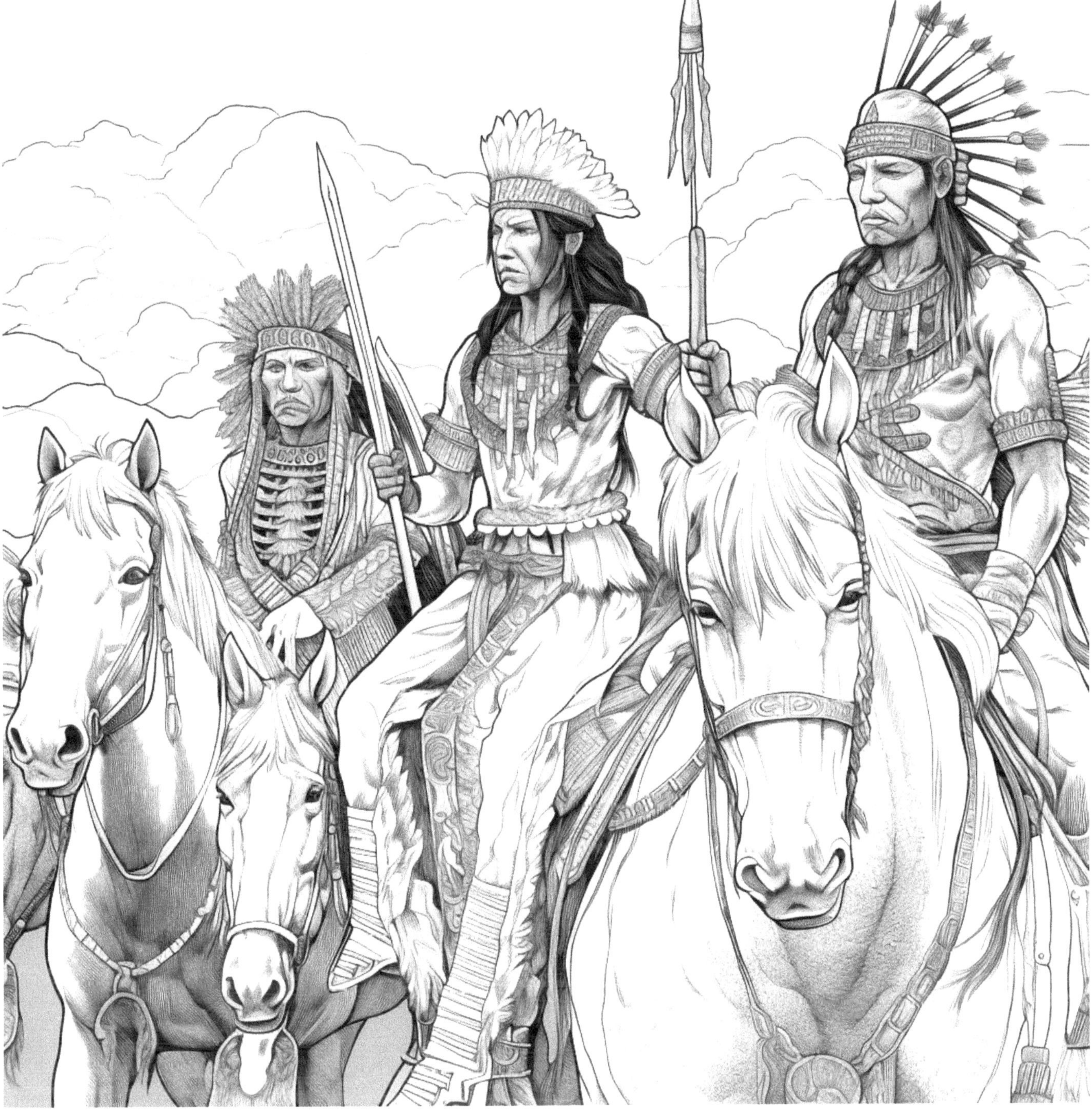

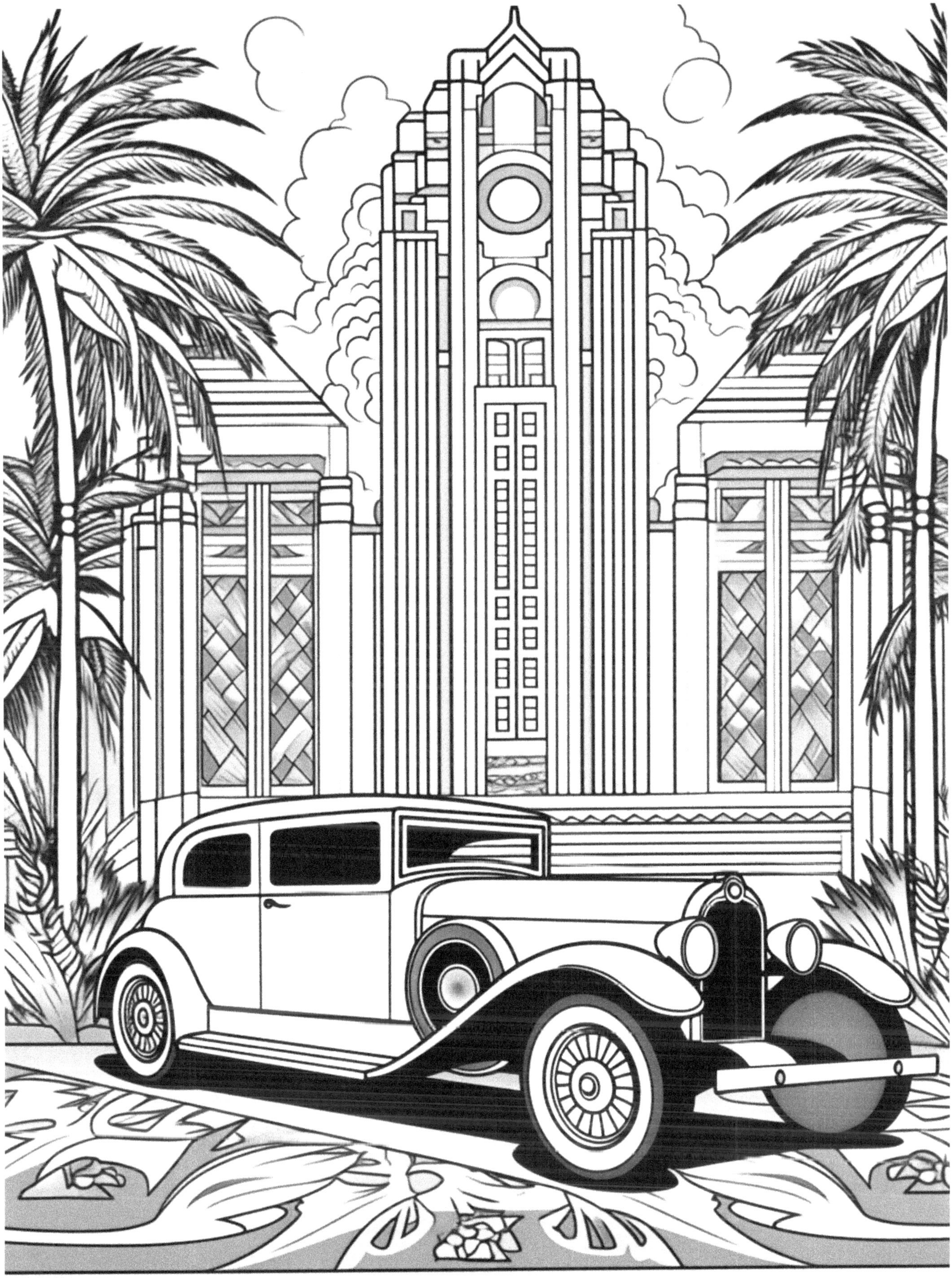

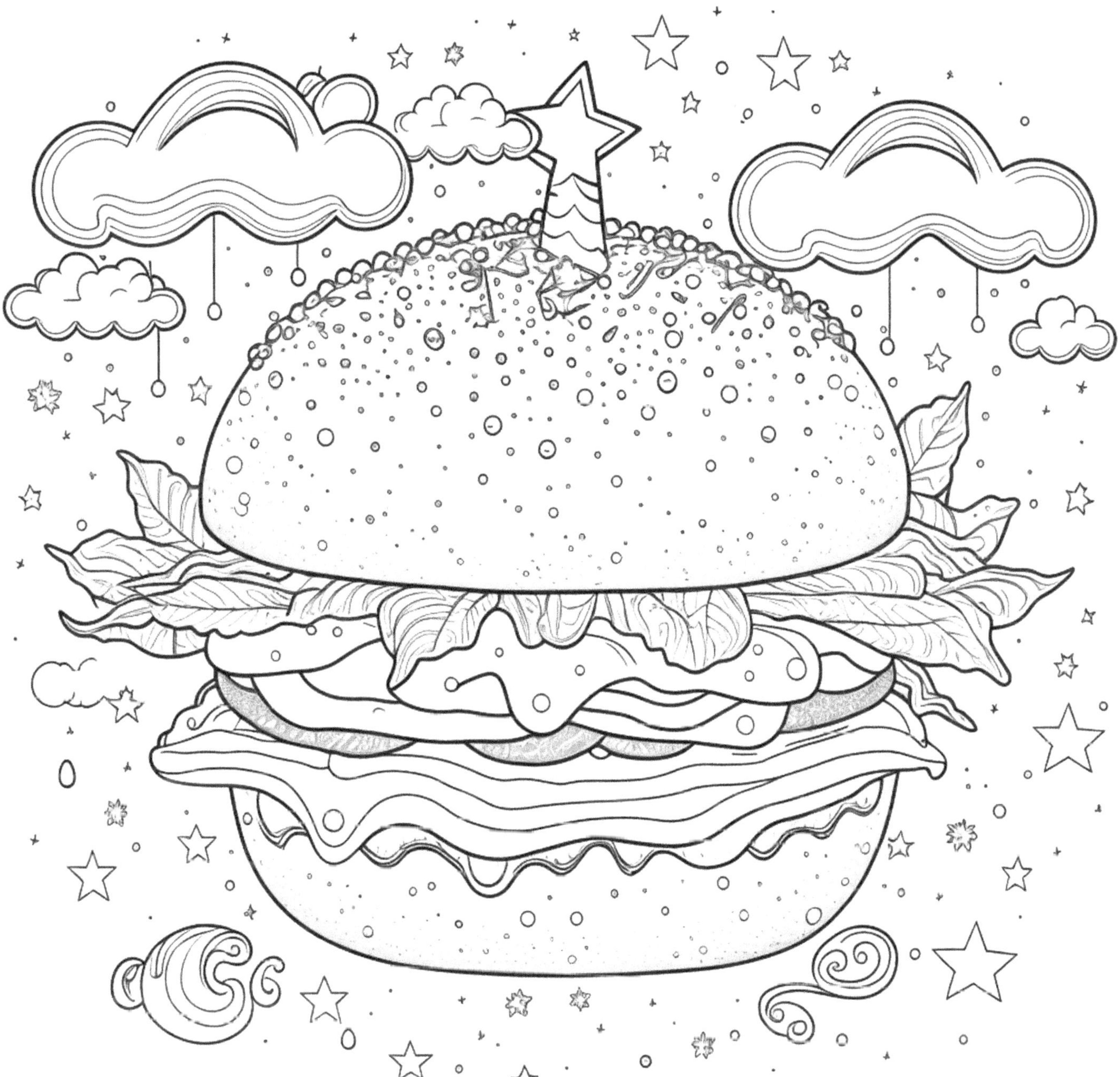

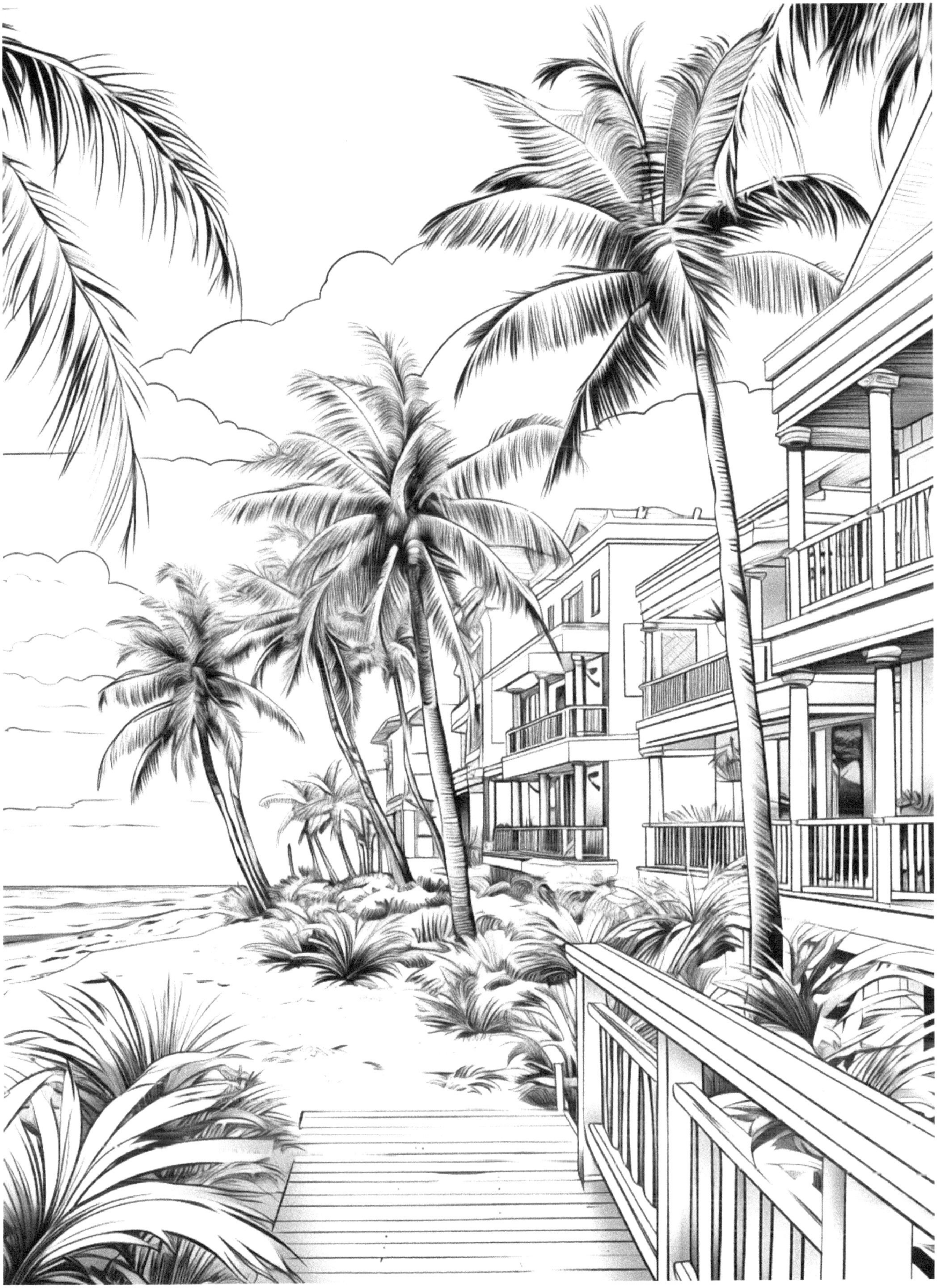

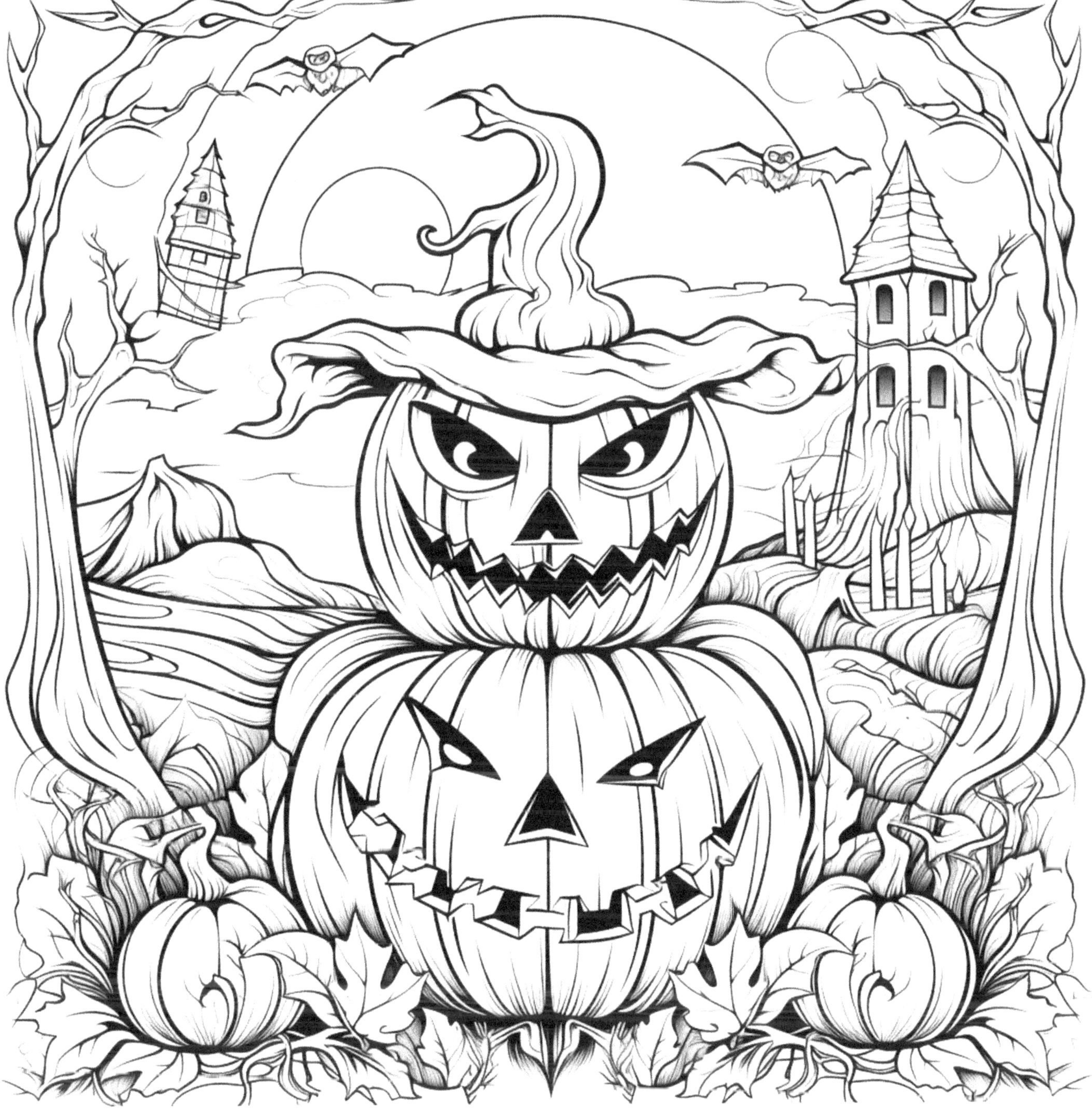

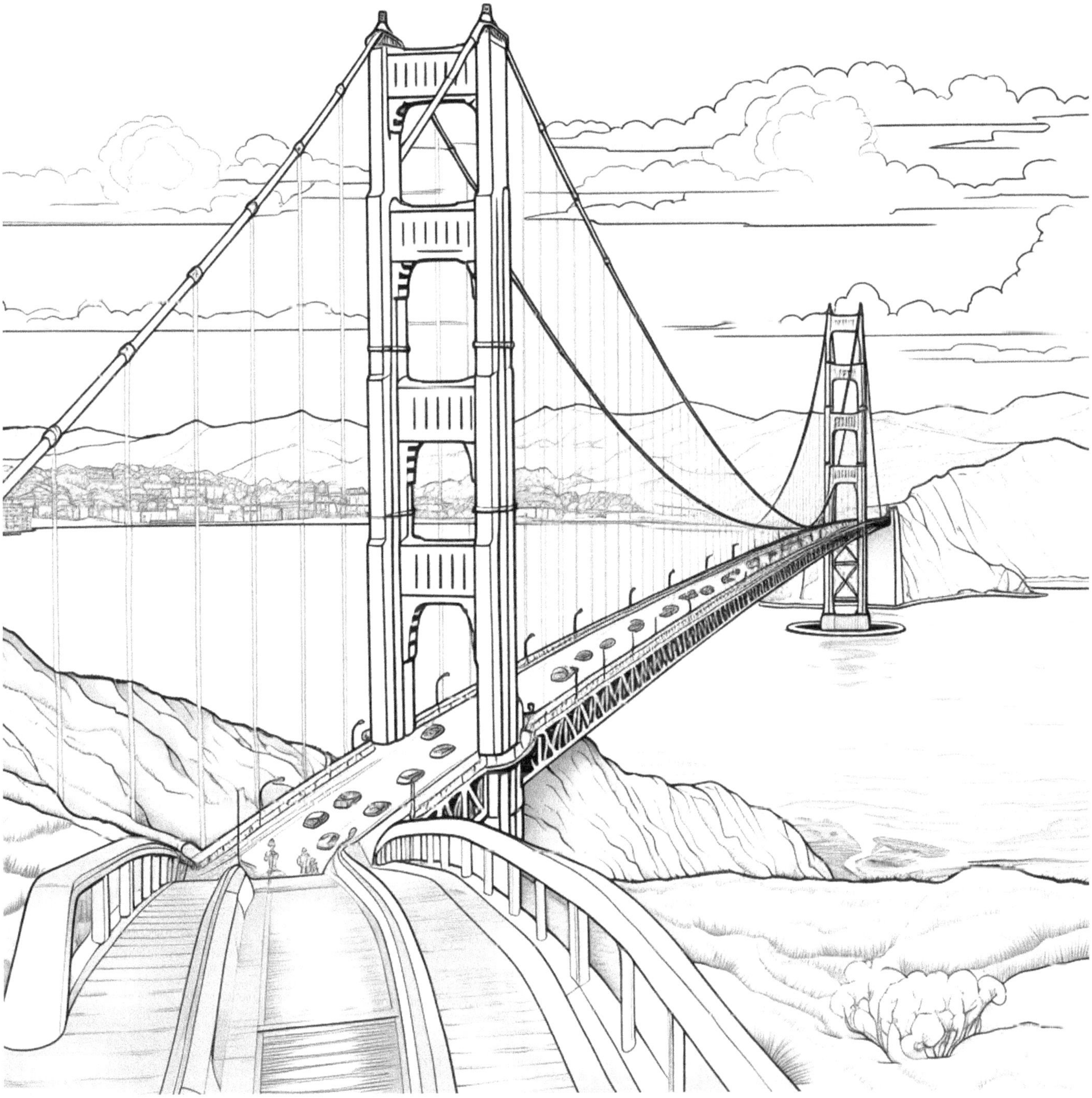

Milton Keynes UK
Ingram Content Group UK Ltd.
UKHW021933270324
440123UK00004B/143

9 798881 315221